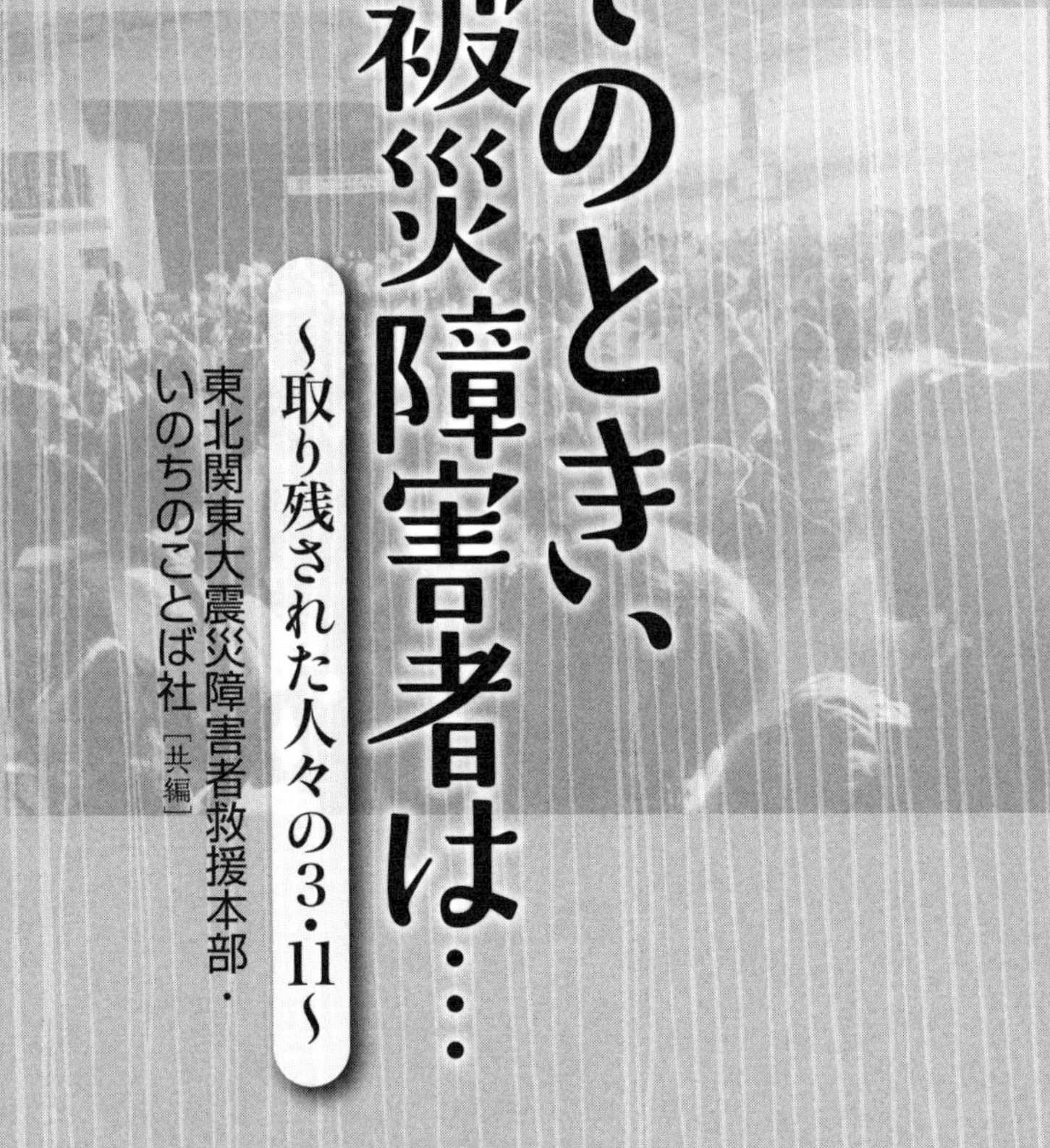

そのとき、被災障害者は…

～取り残された人々の3・11～

東北関東大震災障害者救援本部・
いのちのことば社［共編］

いのちのことば社

はじめに

二〇一一年三月一二日、故・三澤了さん（元・DPI〔障害者インターナショナル〕日本会議議長）からの一本の電話が、四年間にわたる救援活動の始まりでした。

「この震災で被災した障害者を支援する組織を立ち上げる。月曜日（一四日）に関係者をみんな集めるぞ。」

土日で呼びかけと会場手配を行い、三日後の三月一四日、参議院議員会館の会議室には、交通機関の混乱する中にもかかわらず、東京都内各所、愛知や大阪から約三十名が駆けつけました。

こうして、DPI日本会議、全国自立生活センター協議会（JIL）、一九九五年の阪神淡路大震災を機に、自然災害で被災した障害者を支援する目的で設立された「ゆめ風基金」が中心となり、「東北関東大震災障害者救援本部」が設立されました。呼びかけ文を作成し、支援金の受付体制を作り、正式に呼びかけを開始したのが三月一七日。まだこの震災が「東日本大震災」と正式に命名される前のことです。

三澤さんは、前年の夏からの療養生活を経て、復帰初日がこの震災の日でした。都内で行われる会議へ向かう車中でその時を迎え、大渋滞に見舞われながら九時間後にようやく帰宅。この長い道中に次々と伝えられる甚大な被害の状況から、三澤さんは被災障害者の救援組織を立ち上げると決め、すぐに準備をはじめました。

誰に何をすべきか、何をしなければならないのか。想定される支援活動は、今から二〇年前の阪神淡路大震災時の経験に基づいたものです。当時も、発災一週間を置かずに、神戸に救援センターが立ち上がり、隣接する大阪、そして東京に救援本部が設置され、全国の仲間たちに支援を呼びかけました。この時も三澤さんは救援本部の中心にいたのです。

同じ障害者同士だから、厳しい状況が容易に想像できる。想いを馳せることができる。だから動ける。私たちには阪神淡路大震災・東日本大震災の被災経験や支援の経験がある。そして約三〇年に及ぶ全国・世界のネットワークがある。

私たちの救援活動は、「緊急支援」の役割を終えたと判断し、発災から四年目を迎えるこの三月をもって活動を終了します。今後は、共に活動してきた仲間が、それぞれ被災地の障害者を支えていくことを確認し、それぞれが呼びかけています。

本書では、様々な被災体験・支援者としての経験が語られています。しかし、どれだけ多くの声を聞いても、「最善」というものが何なのかはわかりません。ただ、自分の身に置き換えることで、どんな困難にさらされるのか、何が必要とされるのかを知り、備えることができます。そしてその備えは、いざという時に、全国・世界のネットワークを通じて、必ず誰かの助けになります。

本書にあるひとつひとつの「声」が、新たなネットワークの広がりのきっかけとなり、次の災害時に活かされることを信じています。

二〇一五年三月

東北関東大震災障害者救援本部

目次

はじめに　東北関東大震災障害者救援本部　3

I　震災をいかに生き延びたか——被災障害者たちの証言……11

地域で当たり前に暮らせる街に　新田理恵（重度の障害児の母親）　12
◆提言　「要支援者登録」について　19
地域のつながりがあればこそ　伊勢理加（重度の障害児の母親）　20
◆提言　福祉避難所に問題をすりかえないで　32
綱渡りの電源確保　櫻井　理（肢体不自由・筋ジストロフィー）　33
聞こえない私たちにも、同じように情報を　富川和美（聴覚障害）　41
情報と人とのつながりが生きる力に　S・A（視覚・聴覚障害）　46
◆提言　災害対策に移動手段の確保を　54
「私たち」は避難所に避難できなかった　井上朝子（肢体不自由）　55

避難所に障害者がいられない　T・Cさん（高次脳機能障害者の母親）　61
避難の連続・次々と襲いかかる困難　小山田トヨ（視覚障害）　69
家族五人で救助を待ち続けた　小林和樹（ダウン症）　79
◆提言　届かぬ支援はもうゴメン　災害時に役立つ名簿管理を　83
いわきから集団避難　小野和佳（肢体不自由）　84
避難先を求めて　鈴木絹江（肢体不自由）　91
◆提言　障害者がふつうに暮らせる仮設住宅づくり　98

II　なにが求められるのか——被災障害者への支援

II　なにが求められるのか——被災障害者への支援……99
入所施設の集団避難　芳賀幸一（はまなす学園元施設長）　100
孤立する患者さんに電話相談で情報を　萩原せつ子（日本てんかん協会宮城県支部代表）　114
◆提言　都市部と地方の福祉状況の違い　120

精神障害者・なくてはならないケア　須藤康宏（メンタルクリニックなごみ副院長・臨床心理士）　121
在宅医療を支える　安田智美（日本ALS協会福島県支部）　129
あの時、透析患者は……　上遠野良之（福島県腎臓病患者協議会副会長）　136
◆提言　コミュニティづくりこそ最大の防災　142
作業所が大津波に流されて　鈴木清美（いそひよ応援団・おもちゃの図書館いそひよ代表）　143
「残るしかない」という道　青田由幸（さぽーとセンターぴあ〔ぴーなっつ〕代表理事）　154
手がかりをたよりに障害者を捜す　被災地障がい者センターいわて活動報告　166
「避難する・避難しない」　中手聖一（ILセンター福島元職員）　179
障害当事者が被災地の障害者を支援する　藤原勝也（メインストリーム協会）　187
被災地で命の足を守る　村島弘子（移動支援Rera代表）　192
学校もバリアフリーに　石川雅之（被災地障がい者センターみやぎ）　198

III　終わらない震災

＊本書内の提言は、『障害者市民防災提言集・東日本大災害版』（ゆめ風基金編）から転載。
＊コラムは、「避難所などでの障害がある人への基礎的な対応」（ＤＰＩ女性障害者ネットワーク作成）から転載。
http://dpiwomennet.choumusubi.com/kihon2.pdf

I

震災をいかに生き延びたか

——被災障害者たちの証言

地域で当たり前に暮らせる街に

宮城県　石巻市　新田理恵《にったりえ》（重度の障害児の母親）

二〇一三年一月、被災地障がい者センターみやぎにてお聞きしたものを記録しました。新田さんの次女の綾女《あやめ》さんは、医療的ケアを必要とする重度心身障害児（当時小学校六年生）です。

車で高台へ避難

震災当日は石巻特別支援学校に通う次女の小学部の卒業式があり、夫と次女の三人で出席しました。学校から戻り、自宅で一息ついているところで地震に遭いました。立っているのが困難なほど強く、とても長い揺れでした。揺れがおさまらないうちに、すぐに停電になり、外からは大津波警報を知らせるサイレンと、避難を呼びかけるアナウンスが聞こえてきました。十七歳の長女は高校が休みで、遊びに出かけていました。揺れがおさまった直後に長女と携帯がたまたまつながり、安全な場所にいて、無事なことが確認できました（長女は三日後に迎えに行きました)。津波が本当に来るのかなという感覚はありましたが、次女の障害のことがあり、避難を決意。その準備を始めました。

次女には重度の障害があり、気管切開からの痰吸引、胃ろう造設による経管栄養などの医療的ケアが必要です。吸引器や薬、栄養剤など、娘に必要な物品をひとまとめにし、とにかく車で近くの高台(日和山=標高五六メートル)へ避難しました。早めに避難したので渋滞に巻き込まれずに、山の上にたどり着くことができました。

山の上には避難者の車がたくさんありました。みんな津波が市街地を襲う状況は知らないまま、詳しい情報がわからない状態で動くこともできず、車で待機していました。

近くの避難所になっている中学校を見に行ったら、体育館はすごい人。電源の確保ができず、暖房もなく、何百人もの人たちが避難して来ていて、横になるスペースもない状態でした。そんな中にとても娘を連れては行けないと思い、一晩中車の中で過ごしました。

吸引器の電源は車から取り、なんとか確保しましたが、ガソリンはあいにく半分しかありませんでした。エンジンをかけて暖房をつけ、それでも寒かったので、自宅から持って来た毛布をいっぱい掛けて寝ました。

停電に加えガソリン不足が深刻

三月十二日。夜が明けるころ、津波の被害が大きく、家には戻れないくらいひどい状況だとわかりました。

近くにある父方の親戚（叔父）の家へ向かい、一か月ほどお世話になりました。そこは津波の被害はなかったものの、ライフラインは完全に寸断されていました。吸引器は車のバッテリーから電源を確保していましたが、そのうちにガス欠になりました。その後は電気が戻るまで、足踏み式の吸引器を使い、なんとか乗りきりました。

その後、義母が「うちに来たら」と誘ってくれたので夫の実家に避難し、三か月間過ごしました。

ガソリン不足が深刻でした。自分の実家で両親の車が津波でダメになったので、ガソリンはそこから抜いて使いました。電気が来てからも、一〇〇Vの電源ケーブルを自宅に忘れてきて充電できませんでした。近くに住む酸素吸入している学校の友だちに相談したところ、医療用酸素の業者に掛け合ってくれて、デモ機用の電源ケーブルを借りることができました。

食料については、自宅から持ち出したもので三日間はしのぎました。その後は、水、食料、医療用品等を、娘の学校の友だちから分けてもらいました。薬や紙おむつは、拓桃医療療育センターの主治医が手配してくれ、酸素の業者が避難先まで届けてくれました。薬は普段は大学病院に処方してもらうのですが、当時は拓桃医療療育センター（仙台市）に頼りました。

娘の綾女さん（左）、新田理恵さん（右）

そのほかの足りない物などは、保護者仲間やボランティア（札幌のホップ障害者地域支援センター）に届けてもらいました。たくさんの方々に助けてもらい、娘に必要な物はなんとかそろい、非常時を切り抜けることができました。紙おむつについては、サイズが揃わなくて当初は困りました。救援物資で届くものは赤ちゃん用か大人用しかないからです。

仮設住宅での苦労

次に待っていたのが、「住まい」の問題でした。

自宅は津波で全壊したため、仮設住宅の入居を希望しました。三月末、市役所へ申し込みに行くと、障害者は優先枠に入ると説明がありました。すぐに入居できると思い、待ったのですが、抽選に八回もはずれ、入居できたのは四か月後の七月でした。優先枠の範囲が広く、障害者だけでなく、高齢者と乳幼児のいる世帯も含まれ、結果として倍率が高くなったようです。

この間、慣れない避難生活のためか、次女は震災前から体重が約一割減って二二キロになりました。ようやくスロープ付きの仮設が当たったものの、実際には玄関扉の幅が狭く、車いすが通れません。南側の掃き出し窓を使って出入りしたのですが、段差が大きくて、娘を抱っこした状態ではとても上り下りできません。出入りが大変だったので、南側掃き出し窓にスロープを設置してもらいました。その決定が下りるのに二か月かかりました。

仮設住宅は市街地から離れた住宅地の中にありました。市街地に近い仮設は、早くに当たった人が入居して、後からの人は不便な所になりました。

そのほかに、お風呂に段差があったり、駐車場が砂利だったりと、車いすを使用する障害者や高齢者にはとても住みにくい環境でした。改修工事もなかなか進まず、いつになるかわからない状態でした。対応の必要な件数が多くて大変なのもわかるのですが、最初からきちんとバリアフリーの仮設住宅を建てていれば、このような問題は起きなかったと思います。入居してからも住みにくい問題が多く、市役所には要望書を提出しました。

地域のつながりを意識的につくらないと

被災した自宅をリフォームして住む予定です（二〇一三年四月に入居）。二〇一二年中に工事が終わる予定でしたが、いろいろあって延びました。自宅に戻るといっても、不安があります。

たとえば近所とのつき合い。震災前はつき合いがあまりありませんでした。長女が地元の学校出身ならつながりができたのでしょうが、小学校卒業後に引っ越してきて（五年前）、次女は特別支援学校だったので、地域とのつながりが希薄なのです。

震災前に要援護者登録はしていました。民生委員が訪ねて来たときに、登録したらどうなるか尋ねましたが、はっきりした返事が得られませんでした。地域防災に積極的な地区ではなく、わが家も地域の避難訓練も参加していませんでした。災害時の支援者についても、「決める予定はない」との返事。名簿登録は形式的なもので機能するものではありませんでした。更地になって、近所の人はさらに少なくなっています。

自宅周辺では、教会関係の団体がボランティアをしていて、近くの借家を拠点にして近所の人が集まる場所になっています。そこからつながることになりました。次女のことを心配して支援してもらえるようになったのです。拠点に出入りするようになってから近所の人たちともつながるようになりました。自宅の庭掃除をしてくれたりして、近くに住んでいた人と「近くにいたんだねー」と会話をするようになりました。

伊勢知那子さん（本書で紹介）のところは地域の学校に通って地元とのつながりがあったけれども、わが家は意識的につくっていかなければなりませんでした。近所の人とは、「また津波が来たらどうしよう」と話をしています。大街道南地区は土地区画整理事業の指定を受けていますが、戻って来る人が多くて、区画整理が難しいようです。津波避難ビルの話も出ています。

災害から命を守る主体になる

障害当事者や家族も、できるだけ街に出るようにして、住んでいることを伝えたいものです。災害への備えはある程度自分でしておかないとダメ、避難は自分でしないとダメだと思います。近所づき合いをして、ここに住んでいるというアピールが必要です。

地域の避難訓練にも参加して、普段会わない人も避難訓練を通して出会うようにしたいものです。今度津波が来ても、日和山までは渋滞で逃げられないと思います。二〇一二年十二月の地震の時もすごい渋滞になりました。避難場所は、近所のパチンコ屋がよいかもしれないと考えています。立体駐車場に車のまま上がれるし、発電機もあるということです。けれども、通りに出るまでが渋滞で、出られないかもしれません。大街道は普段から混んでいます。避難路の確保は課題です。

発災時、ボランティアの拠点には物資等が集まっていました。でも、その場にいない人には全く届きませんでした。特に自宅で孤立している人には物資が届きません。自宅に被害がなかった人も、物資がなくて本当に困っていました。必要な物資を「この人」に届けるしくみが必要です。現場のニーズと支援が届く時間とにタイムラグがあります。

震災を通して、多くの方たちに助けていただき、たくさんの出会いがありました。「被災地障がい者センターみやぎ」のみなさんとも震災後に出会い、活動が始まりました。どんな障害があっても、地域で当たり前に暮らしていけるよう、ともに活動していけたらと思っています。

提　言

「要援護者登録」について

東日本大震災時、支援を必要とする障害者・高齢者等「避難行動要支援（援護）者」と、民生委員・消防団員等「避難支援等関係者」が多数犠牲となりました。

これまで国としては「災害時要援護者の避難支援ガイドライン」（2006年）を策定し、支援が必要な人々の名簿作成を行い、災害時には本人の同意を得なくても支援関係機関へ共有するように定めていました。しかし、それらは充分に認知されておらず、今回多くのNPOが震災支援に当たりましたが、個人情報の壁に阻まれ、安否確認・実際の支援などにつき、多くの困難に直面しました。

被災障害者支援の現場で、実際に行政がNPO等民間団体へ名簿を提供した事例は、福島県南相馬市、岩手県（視覚障害者名簿に限る）、岩手県陸前高田市の三自治体のみです。

2013年の災害対策基本法の改正において、「避難行動要支援者名簿」の作成が市町村に義務付けられるとともに、本人からの同意を得て、平常時から避難支援等関係者に情報提供すること、そして災害時には本人の同意の有無に関わらず、名簿情報を支援活動にあたる関係者に提供できることが定められました。

災害発生時に一人でも多くのいのちを守るためには、要支援者の情報を集め名簿を作成することを目的とせずに、どのような支援を行うためにどのように活用するのか、その具体的な方法について明確に示し、NPO等他地域からの支援団体との連携が可能となるよう、行政および障害者自身が必要性を認識することが重要です。

地域のつながりがあればこそ

宮城県　石巻市　伊勢理加《いせりか》（重度の障害児の母親）

二〇一二年二月、被災地障がい者センター石巻にて伊勢知那子《ちなこ》さんの母親の理加さんにお話をお聞きしました。知那子さんは被災当時十四歳で中学二年生。気管切開による痰の吸引、胃ろうによる経管栄養摂取など、医療的ケアの必要な重度の障害児です。知那子さんは、両親と三姉妹の五人家族の三女。主な介助者は母親の理加さんです。

被災状況

地震発災時は自宅にいて、体験したことのない激しい揺れが収まってから、「診察券、薬のリスト……」と避難の準備をしました。「非常持ち出し品」を準備してあったのに、気が動転して忘れていたのです。津波のことはあまり考えず、また自宅に戻れるくらいに思っていました。

夫も職場から戻って来て、一家四人で知那子も通った湊小学校（指定避難所）へ車で避難しました。小学校に着くと、地域の人が「二階以上に上がれ」と呼びかけており、夫が娘を抱えて、私が痰の吸引器二台を持って三階に駆け上がりました。夫と次女が校舎の脇に駐めた車まで、車いすと避難物資を取りに降りたところ、津波が襲うのが三階の窓から見えました。「二人は助からない！」と観念しましたが、間一髪で無事でした。「想定外」というけれど、現実がそうでした。

校庭は津波に呑まれ、せっかく準備した避難物資も車も流されました。車いすだけは夫が身体を張って無事でしたが、食事と薬関係は全部車に残ったまま。避難開始時のタイムロスを悔やみました。

避難生活の様子

教室の三分の一ほどの広さの相談室で、二十三人の共同生活が始まりました。当初は毛布もなく、校舎のカーテンや運動会で使う大漁旗にくるまって寒さをしのぎ、周りの人が知那子に多めに分けてくれました。

三日間は、電源がない、水もない、食料もない、何もない状態です。二日目に夫が、津波に呑まれた自宅に経管栄養剤を取りに戻り、泥まみれなのを注射用蒸留水でゆすいで使いました。ほかに与えるものがありませんでした。

痰の吸引には電源が必要なので、停電が最も困りました。

初日は自衛隊も動けず、二日目にヘリコプターが動き出したとき、石巻赤十字病院に頼るしかないと考えました。しかし命に関わる重傷者が多くて、知那子の搬送許可はなかなか下りません。病気ではないけれど、電源がないと命をつなげないということを、在学中お世話になった学校の先生もいっ

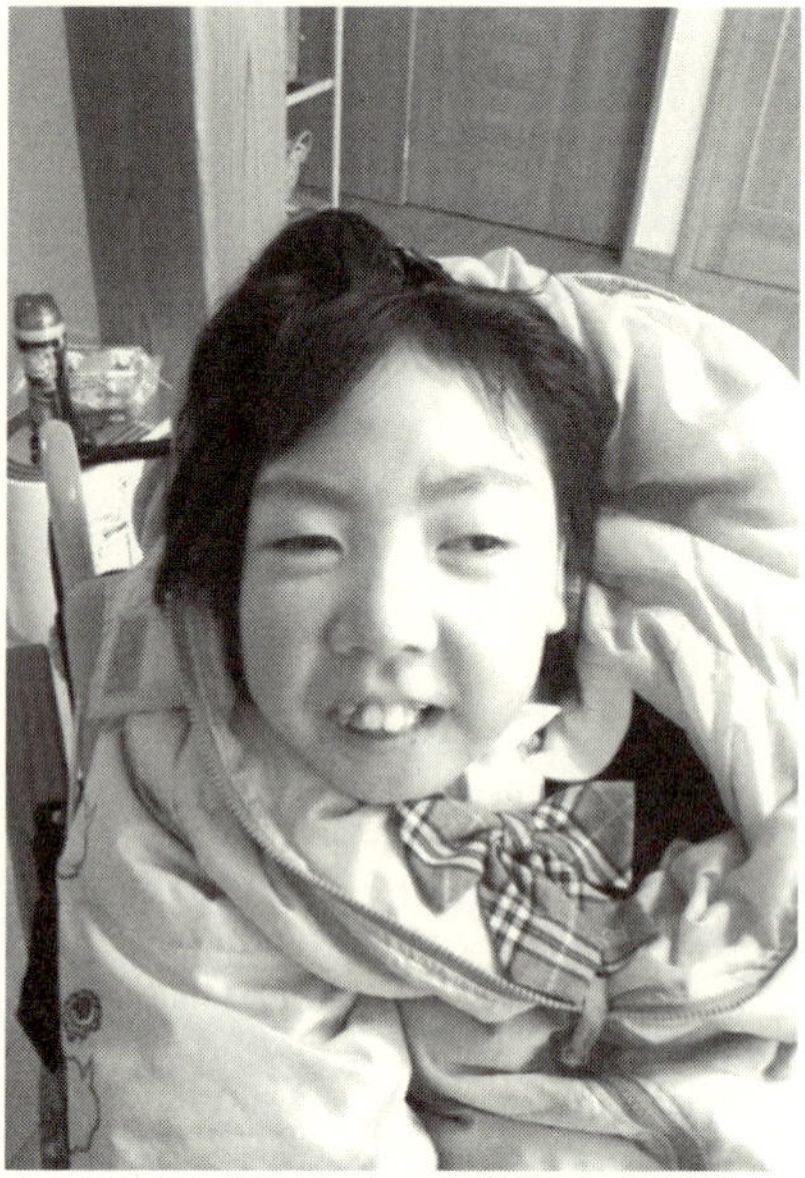
娘の知那子さん

しょに声をあげてくれて、三日目にようやく病院に搬送されました。吸引器はあるけれどバッテリーがないこと、経管栄養剤が必要であることを伝えました。

知那子が病院に行って安心したのも束の間、心配だった実家を見舞い、避難所に戻ったら、なんと知那子が緑色のトリアージタグ[*1]を付けて戻っていました。脱水症状を解消するための点滴を打ってもらっただけで、充電も経管栄養剤ももらえず帰されたのです。病院は重傷者であふれ、医療的ケアの必要な知那子ですら避難できる場所ではなかったのです。「どうにかしなきゃ」と、歩いて行ける保健センターと医師会にかけあってもダメ。「じゃあどこへ逃げればよいの?」という気持ちでした。この子たちが避難できる場所ではないのだと悟りました。

バッテリーの電源は三日間もちました。機械トラブルに備えて、普段からポータブルの吸引器を二台準備していたのが幸いしました。五日目に、避難所の対岸にある日和山地区に電気が戻り、日和山の知人がバッテリーの充電のため避難所との間を何往復もしてくれました。

七日目、同室の人が仙台に行くというので、胃ろうの管理をしてもらっていた仙台赤十字病院に宛てて窮状を訴える手紙を書き、託しました。在宅の視点もあるドクターだったので、経管栄養剤と抗てんかん薬を処方してくれました。しかし、病院として届ける術がなかったようです。手紙を託した人がとても良い方で翌朝、避難所まで届けてくださいました。八日目、災害ボランティアの方々が発電車を設備してくださり、避難所にもようやく電気が戻りました。

避難所に行っても孤独ではなかった

わが家の場合、知那子も居住地の小、中学校に通い、隣近所や地域の方々と学校行事や子ども会行事で接することが多かったため、障害に対する理解が浸透していました。家族単位で地域の中で過ごしてきて、家族の生き方が知られていたことは強みでした。

避難所に入った時に、最も弱い立場、はかなげな命のことを守らなければということをみんなが思ってくれたのです。「障害者だから〇〇へ行きなさい」ということを言われませんでした。「行けと言われても、この夫婦は行かないだろう」と思われていたのでしょうけれど。

家族を切り離したくない。そんな思いでした。当時長女は三月初めに高校を卒業したばかり、次女は高一でした。

地域の小学校へ入学した理由

地域の小学校に上がる際、二つの追い風がありました。当時宮城県知事が浅野史郎さんで、共に学ぶ教育（統合教育）を自身が楯になって進めていました。行政判断なので大きかったのと、もう一つ、障害のある子も普通学級へということをサポートしている団体、「障碍児と共に歩む会」との関わりがあったことです。ひとりで行政（就学指導委員会）と対峙するわけではありませんでした。

一方で、「この子、何を勉強するの」とか「お姉ちゃんたち、いじめられるよ」と逆風があったのも事実です。だけど、「いじめられたら指導するのが仕事ではないの」「障害のことを理解してもらうチャンス」と考えました。

支援学校も施設も、当時の私たちにはもやもやとしたベールに包まれているように感じました。特別な環境で保護されて地域に開かれていない感じです。「障害のある子だから」とあきらめず、もやもや感がない人生を歩ませたいと思うのです。話すことはできないけれど、その子なりの意思表示を感じてもらいたいし、それが姉たちのためにもなると思いました。

知那子は低酸素脳症による後遺障害でした。もともと咀嚼と嚥下がうまくいかない子で、一歳直前、練習中に喉に詰まらせて心肺停止にまでなりました。人工呼吸器を付けて、このままどうなってしまうのだろうという状況だったのが、自発呼吸を始めました。目を覚ましてくれた時は、もう一度私たちのところに生まれてきてくれたと、家族で喜びました。

こういう子たちはどういう生き方をしているのだろうと、高校卒業後の入所施設をたくさん見ました。いろいろな施設を見るたびに、夫婦二人とも可能なかぎり在宅での生活を希望するようになりました。

姉たちと切り離さずに、いっしょに育てていきたい。学校の話題、学芸会や子ども会、芋煮会といった共通の話題が家庭内にあったほうがよいに決まっています。地域でも共通の話題があると、避難所でも共通の話題につながりました。学校を通して地域とつながる。その後の人生の地盤を作ることが大事だと感じます。

自宅が流されて、福祉の整っている仙台に行こうかなとも考えました。新しい土地で友だちができるかなという不安があり、この土地のつながりはかけがえのないものと考え、とどまりました。知那子を通したコミュニティ、母親のコミュニティもあり、それらはいいことばかりではないけれども、つながりがあることによってこの先の生き方も楽になりますから。

地域のつながりがあればこそ

避難所には五月まで二か月過ごしました。避難所の同じ部屋の住民は普段から付き合いのある町内会の人たちで、障害への理解もあり、深夜の痰吸引の音にも嫌な顔をしませんでした。モノはないけれど、居心地は悪くありませんでした。近所の人とのコミュニティがあり、情報もありました。「近所の○○さんも家を壊すんだって」という話も、離れてしまうと入ってこないので不安にもなります。

あとから聞いた話では、障害者やその家族が、日ごろから地域の住民との関わりが薄く、避難所へ行くことをためらったり、避難所での生活を継続できなかったりしたケースもあったとのこと。私たち当事者が、地域への理解を広める努力をしていく必要があると感じます。

一方で、次女の高校が始まりました。湊小学校の避難所では、仮設風呂を新潟からのボランティアが作ってくれて入ることができたのですが、次女が部活を終えて午後八時に帰って来ると風呂に入れない。そこで、ライフラインが戻っていた実家に移ることにしました。

そのうちにバリアフリーの仮設住宅が当たると思っていたのですが、抽選ではずれ続けました。ちらほら当たった人から聞くと、バリアフリーといってもスロープが付いているだけ。市との交渉を進めつつ、八月末ごろに知人のつてで民間の一軒家を借り上げた仮設住宅（みなし仮設）に入ることを決めました。自宅からは五キロと離れるけど、実家に近い所でした。

津波、地震への備え

北上川河口から上がったところに自宅があったのですが、周囲の家が解体され、なくなってからすぐそこが河口だったことを実感しました。一九六〇年のチリ津波の経験から、「大丈夫、来ても膝くらいだから」という話も聞いていたので、油断していました。

地域医療の中核である赤十字病院でなぜ経管栄養剤とかがもらえないのかとも考えましたが、一般診療がストップして混乱していました。病院は駆け込み寺ではありませんでした。災害時にも対応できる在宅医療について声をあげていかないとだめだと実感しました。

地震への心構えと、停電への警戒はあったつもりでも、津波に関して危機意識が薄かったのは事実です。避難所で二昼夜くらい過ごせるものを用意していましたが、とてつもなく恐ろしい揺れに遭うと、用意していたことすら忘れてしまいました。家庭でも繰り返しの訓練が必要だと痛感します。

避難生活を体験してみて、診察券番号、医療情報、薬リスト、通帳番号などが必要だと気づきました。あわてていると、いつも飲んでいる薬を聞かれても正しく答えられませんでした。携帯だけは肌身離さないので、発災後、携帯にいろいろな情報を入れるようにしました。津波で全部持って行かれると大変。いろいろな情報を一括して管理しておかないとだめです。

伊勢さんご一家

私たちの場合、避難する時、自宅に戻れるという前提で考えていました。でも、災害はどのような状況で起きるかわかりません。地震のあと津波がなくても、火災により燃えてしまうこともあり得ました。自宅に戻れなくても、二昼夜過ごせるものを準備しておくべきです。

その後、宮城県沖地震の発生確率が上がったと聞くと、あれだけの津波を経験していても、何を備えようかとあわてます。何を準備したら、この子の命をつなげるのでしょうか。また、東海・東南海・南海地震が起こった場合の物資不足への備えもしなければいけません。

被災障害者が駆け込む所を備える

じつは、仙台に来ないかとの誘いもありました。仙台赤十字病院の小児外科の医師や、拓桃医療療育センターの医師から、「ベッドを空けられるよ」と勧められました。けれども、石巻とは七〇キロも離れ、移動手段がなく、往き来が難しい。何もない時期だったので、石巻に家族を残していくことへの心配や、余震活動も活発だったので、このまま会えなくなるかもしれないという不安から、家族が離れて生活することはできませんでした。

市が設置した福祉避難所は、介護保険モデルで作られ、高齢者向けでした。石巻では福祉避難所は市営の小さな施設に後付けで設置されました。ある知的障害者たちの場合、「一般避難所では障害者はみられない」と言われ、石巻赤十字病院に搬送されました。病院にしてみれば、彼らは「健康」。「お帰りください」と言われても、帰るところがないから、そういう人が病院の廊下にあふれていたのです。

一方、通所系施設には登録している人が集まってしまって、パンク状態。入所施設も通所施設も駆け込み寺ではありません。普段福祉サービスを利用していない在宅障害者や学齢期の障害児に手が回らないのが現状。どうしたらよいのでしょうか。

発災時、命は自分たちで守ろうという覚悟は、在宅を選んだ以上、自分たちにあります。次に守れた命をつなぐための全国的広域的支援のネットワークがどうにかしてできないものでしょうか。

どうやって命と当面の生活をつなげばよいのか？

わが家の場合、物資は「ＡＪＵ自立の家」（名古屋）、移送は「ホップ障害者地域支援センター」（札幌）といったぐあいに、見ず知らずの団体に助けられました。一団体に頼るのではなく、「在宅のこういう人がいます」「こういう支援が必要です」ということを、どこかで対応してもらえる仕掛けがあるとよいと思います。

こういう情報は、市に尋ねても教えてくれません。行政も大打撃を受けて個別支援に手が回らないからです。とはいえ、一斉公平画一という立場はわかりますが、公平におにぎりを分けられても、この子たちは命をつなげられません。いくら在宅障害者同士がつながっていても、大規模で広範囲な災害の時は地元だけでは限界があります。

わが家の場合は幸い、日ごろから交流のある県内外の方々から、たくさんの食料や生活用品が届けられました。お金をもっていても買えない時ですから、大きな救いでした。ですから、知那子を訪ねて来てくれた支援者には、「避難所に入らなかった○○さんに届けてほしい」とお願いしました。支援者からは「こんな人はめずらしい！」と言われました。

津波を経験した石巻でさえ、要支援者への対策は必要性は感じていても、まだ答えが見つからないのが実情です。今また地震が来たら同じことを繰り返してしまうかもしれません。「公的な指定避難所で備蓄してくれ」と言っても、コストとリスクがかかりすぎて現実的ではないのでしょう。

障害当事者の側も受け身だけでは助からないと伝えたいと思いますが、地元では身内を失った人などがいてまだ傷が大きく、そのようなことは決して言えません。

在宅者には必需品のストックが必ずあります。NHKの「福祉ネットワーク」という番組で取り上げてもらったおかげで、全国からわが家には吸引チューブなどがたくさん届きました。「ここにはこういうストックがあります」、「ここに必要な人がいます」ということを検索できたり、とりまとめたりする機能があるとよいと思います。

けれども、被災地に運ぶ手段がなく、輸送の問題が残ります。当事者団体のつながりや、民間の力で届けられないかなと思います。

団体に所属していると、何らかの支援が届きやすくなります。安否確認してくれるし、特別な支援が必要な人にはひとつの対策になります。より多くつながっていることが重要だと思います。最後は人的な支援が頼りになると思います。

＊1　トリアージ（Triage）は、災害医療において、最善の救命効果を得るために多数の傷病者を重症度と緊急性によって分別し、治療の優先度を決定すること。タグの色によって以下のように分類される。

黒…カテゴリー0（死亡群）　死亡、または、生命徴候がなく救命の見込みがないもの。

赤…カテゴリーⅠ（最優先治療群）　生命に関わる重篤な状態で一刻も早い処置をすべきもの。

黄…カテゴリーⅡ（待機的治療群）　赤ほどではないが、早期に処置をすべきもの。

緑…カテゴリーⅢ（保留群）　今すぐの処置や搬送の必要ないもの。完全に治療が不要なものも含む。

福祉避難所に問題をすりかえないで

福祉避難所とは、災害時に高齢者や障害者、妊婦ら、一般の避難所では生活に支障があり、特別な配慮を必要とする人を受け入れる二次避難所のことです。

福祉避難所の一般的な印象は、「バリアフリーの建物であり、介助者が存在している」ことです。だから、介助が必要な人も安心して避難できると思われています。

しかし、今回の震災で福祉避難所を設置した施設では、介助者の体制ができていなかったうえに、ほかからの応援態勢もほとんどなかったのが現実です。

福祉避難所の名称は広まりつつありますが、福祉避難所の内容については十分な検討がなされていません。そのような状況で福祉避難所協定を進めていくのは問題です。

地域の避難所のあり方を再検討し、支援が必要な人々がどこに逃げるのが望ましいか（隔離された場所ではないはず）、そして逃げるとき、その後にはどのような支援が受けられるか、その体制づくりを支援を受ける当事者と相談しながら進めていくことが重要です。

綱渡りの電源確保

宮城県　名取市　　櫻井《さくらい》　理《さとる》（肢体不自由・筋ジストロフィー）

二〇一三年十二月、仙台で行われた市民防災シンポジウムの講演を記録したものです。櫻井さんはデュシェンヌ型筋ジストロフィーの三十九歳で、人工呼吸器を二十四時間使用しながら、仙台空港のある名取市の自宅で暮らしておられました。

地震発生

三月十一日午後二時四十六分の地震発生当時、ぼくは沿岸部にある地域活動支援センター「らるご」にいました。五分ほどの長く激しい震度六強の揺れが収まった後、職員さんの携帯電話のワンセグでニュースを見たところ、地震速報の映像が映り、大津波警報が発令されていて、仙台新港で七メートルと予想されているのを知りました。施設長さんの指示で、最初の揺れが収まってから、十五分後くらいに避難が始まりました。利用者・職員六十数名は二回に分けて避難しました。ぼくと主任さんと事務長さんが一番最後に避難しましたが、時間は三時三十分ごろでした。

一度、施設から内陸に二キロメートルほどのところに避難しましたが、津波の予想が一〇メートルに上がったので、さらに三キロメートル内陸よりの名取市民体育館に変更しました。その後、三時五十分ごろに津波が到来し、ぼくたちのいた施設は水没してしまいました。もし少しでも避難が遅れていたらと思うと、ゾッとします。本当に危機一髪だったと思います。その後、市民体育館の駐車場に待機していました。その間に、施設の職員さんが利用者の各家庭を自転車で回り、無事を知らせ、利用者は家族の迎えを待っていました。

帰宅

午後六時ごろ、父が車で迎えに来ました。停電の影響で信号は消えており、道路は大渋滞していましたが、裏道を通ったので一〇分ほどで無事帰宅できました。

ぼくが帰るまでに、散乱した物を家族が片づけていたので、すぐに家に入ることができました。もちろん停電していたので、内蔵バッテリーで呼吸器を作動させていました。そして、バッテリーの残量が四〇％を切った段階で、外部バッテリーに切り替えて使い始めました。この時から停電時のインバーターを使用した罹災生活が始まりました。

罹災生活のスタート

呼吸器の内蔵・外部バッテリーや車のシガーライターを効率よくローテーションで回しながら、うまく電源を確保していました。

ところが十四日午前三時ごろに、呼吸器のアラームが鳴って、内蔵バッテリーの残量が再び四〇％を切ったので、外部バッテリーに切り替えました。その直後、インバーターからキーキーと異常な音がしてきたので、インバーターを停止しました。そこで、インバーターが故障しそうになっていると思い、車のシガーライターにつないでいたもう一台のインバーターに交換してみました。すると、交換したインバーターからもキーキーという音がし始めたので停止し、二台のインバーターが共に正常に作動しなくなっていました。

そこで、次の対処法として、家から車で二〇〜三〇分のところにあるかかりつけの仙台西多賀病院に行くべきかどうか検討しました。けれども、ラジオの情報などでも病院のある太白区の停電が復旧しているかどうかがわからず、電話も通じないため、病院の自家発電の状況も確認できません。病院での対応が混乱している可能性もあるかもしれないと考え、停電が復旧していた仙台中心部の叔母の家に電気を借りるため、十四日午前四時ごろに避難することにしました。

呼吸器、完全停止

避難するために急いで荷物の準備をしていたところ、呼吸器の内蔵バッテリーが急激に減っていき、緊急事態を告げる警告のアラームが鳴り、止まらなくなり、ついにはバッテリーが切れ、呼吸器が完全に停止してしまいました。かなり慌てましたが、母が手動のアンビューバッグ〔注・患者の口と鼻から、マスクを使って他動的に換気を行うための医療機器）を使いながら（二〇分ほど連続使用）、なんとか叔母の家に移動しました。

叔母の家に着いてからは、最初に完全に停止してしまった呼吸器が作動するかどうか確認するため、呼吸器だけを先に運びました。その後に父がぼくを抱きかかえて、狭い階段をあがって叔母の家に着いて、アンビューバッグから呼吸器につなぎかえて、何とか助かりました。

その後、二日ほど叔母のところにお世話になり、十五日の午後六時ごろに自宅の電気が復旧したので、翌朝、無事家に戻りました。

呼吸器が完全に停止した時はかなり慌てましたが、そんな中でもぼくは比較的冷静に対応できていたように思います。たぶん定期的に入院しているので、荷物をまとめるのにも慣れていたことと、アンビューバッグも日ごろから使い慣れていたことが、的確に対応できた要因だったと思います。

停電が復旧して少し落ち着いてから、車を調べてもらったところ、シガーライターのヒューズが飛んでいたそうです。おそらく、シガーライターにつないでインバーターを使用していたときに、呼吸器だけでなく外部バッテリーも同時に充電していたので、かなりの負担がかかっていたからだと思われます。

それから、次に二台のインバーターの作動確認をしたところ、なんと問題なく使えました。推測ですが、連日連続で使っていたので、オーバーヒートを起こして故障しそうになったのか、外部バッテリー出力の電圧が低下してしまったからだと思います。いろいろと想定外のトラブルもありましたが、何とか無事に乗り切って、命をつなぐことができました。

余震　そして、再び停電

その後は、体調を崩すこともなく元気に過ごしていましたが、震度六弱の最大の余震があった四月七日の午後十一時三十分ごろに再び停電しました。本震の停電の時は、残量四〇％を切ってから、急激に内蔵バッテリーがなくなったのを教訓にして、残量が七〇％を切った段階でインバーターを使用することにしました。それと、トラブル予防のためにインバーター連続使用を四〇分にしました。インバーターを四〇分使用すると、内蔵バッテリーが一〇％回復するので、内部バッテリーに切り替え、内部バッテリーが再び残量七〇％を切ったところで、また外部バッテリーを作動させました。

その後、また内蔵バッテリーを使って呼吸器を作動させていたところ、午前六時ごろ電気が復旧し、結果、二回目の停電は大きなトラブルもなく、無事乗り切ることができました。

電源確保の重要性

今回の震災を経験して、在宅で人工呼吸器等の医療機器を使っている患者の電源確保の重要性を改めて感じました。宮城県は、今後三十年間に九九％の確率で大地震が起きると言われていたので、我が家でも外部バッテリーやインバーターを使って電源を確保するように準備していました。バッテリーやインバーターの作動時間のランニングテスト等も事前にしていました。ぼくの予想では、二〜三

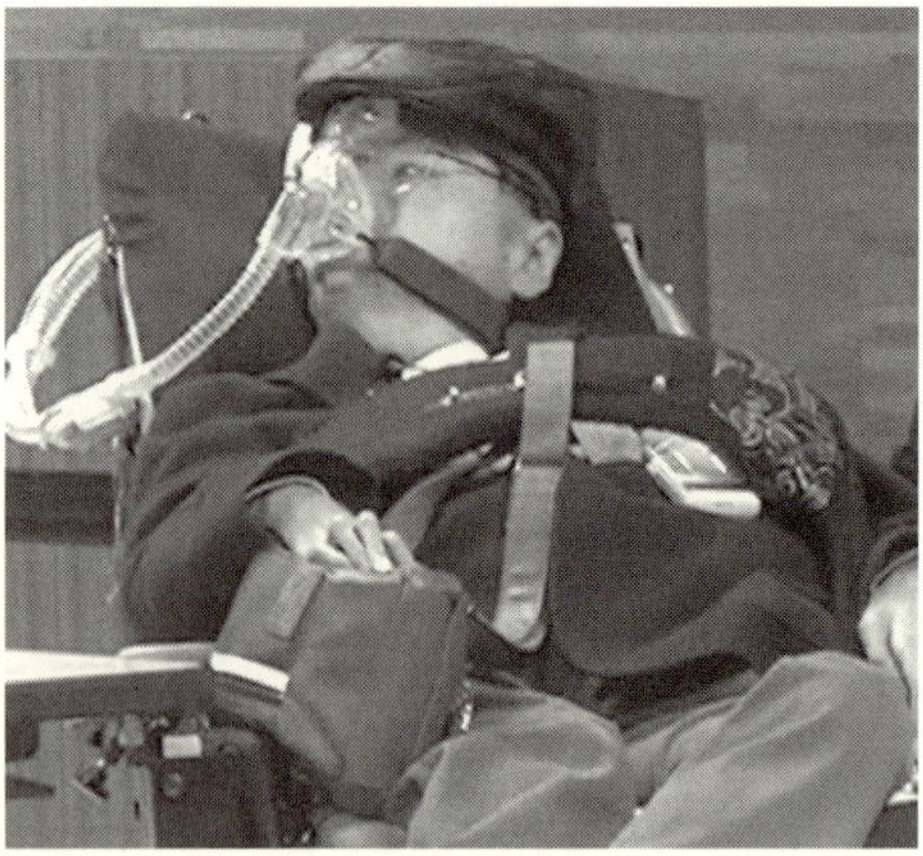

櫻井理さん

日ほどもあれば電気が復旧するだろうと思い、そのつもりでそれに耐えるだけの用意をしておけばいいと思っていました。

ところが実際、今回の大地震でぼくの住んでいる名取市は五日間停電していました。想定外の大地震とはいえ、停電の復旧には、かなりの時間がかかるものだということを十分認識して、電源の用意をしておく必要性のあることを痛感しました。

かかりつけの仙台西多賀病院からは、本震の翌日にソーシャルワーカーさんが安否確認に来てくださいました。病院の被害は少なく、受け入れ可能とのことでしたが、その時は、ぼくの家ではバッテリーで問題なく電源が確保できていたので、緊急入院はしませんでした。その後の病院の様子を、入所している友人に聞いてみたところ、病院では地震後に自家発電で対応していて、自家発電の燃料が切れる直前の十三日夕方に電気が復旧したとのことでした。きわどいタイミングだったようです。その後は、三日間ほど食事は一日二回で、おにぎりやパンが一つか二つだったそうで、一週間後には、ほぼ通常に近い状態に戻ったようでした。

結果的には、ぼくも叔母の家に避難しなくても病院に行けば大丈夫でしたが、その時は電話も通じず、病院の様子も確認できない状況だったのです。今後の対応策として、今回比較的つながりやすかったと言われているメールやツイッターやスカイプ等の、SNSなどを活用した連絡網の整備が急務だと思われます。

電源確保をするために、すぐ近くの消防署に発電機を借りにいった方もいました。非常時の電源確保の方策も改めて考えておく必要性があるように思えてなりません。用意周到に準備を整えていても想定していない事態に陥ることもあると思います。停電時のシミュレーション等を綿密に行っておくと、トラブル発生時にも次の対処法を考えることができると思います。

今後の課題としては、停電はもちろん計画停電や節電対策も考慮して、電源の確保をどうするのかということだと思います。

震災を教訓にして

ぼくは、震災直後の五月末に、パソコン等の精密機械の使用に適しているヤマハのインバーター発電機を購入しました。ホンダやヤマハの製品で一番容量が小さい九〇〇Wのモデルでも十三万五千円ほどします。ガソリンの管理やメンテナンスも大変ですが、命にはかえられないと考え、震災後にしては早い段階で購入することができました。

全国では、在宅で人工呼吸器を使用している患者数は、かなりの数にのぼると言われています。すべての人が、バッテリーや正弦波インバーター、発電機、家庭用蓄電池、アンビューバックなどを用意しておく必要があると思います。ただ、すべてを自費で購入すると、かなりの負担がかかります。医療保険でのレンタルや補装具給付や日常生活用具給付制度での助成の対象品目に加えてもらえるよう活動していくことも重要だと思います。今後はこの体験を生かして、地域で暮らす災害弱者の防災対策の支援・啓発活動に取り組み、行動していきたいと思います。

災害時、あなたのまわりに肢体不自由の方がいたら……

＊電気が止まった場合、エレベーターが停止したり、電動車いすの充電や人工呼吸器に問題が生じたりするため、ほかの人以上に大きな制約を受ける。

＊日常生活で介助を入れている人は、介助者の交通手段が断たれることで、介助自体を受けられなく恐れがある。

介助する場合

＊移動を介助するとき、車いすも歩行も、段差やでこぼこ、傾斜に注意すること。

＊歩行の助けは、手をつなぐ、腰に手を回す、ベルトをつかむ方法があるが、まずは本人にどうすれば安心か、尋ねる。

★ほかの人よりも制約が大きい分、不安感も大きいことを理解する。

聞こえない私たちにも、同じように情報を

福島県いわき市　富川和美《とみかわかずみ》（聴覚障害）

二〇一二年六月、第一回ふくしまフォーラム（いわき市）にて講演されました。
富川さんは聴覚障害があるので、手話通訳されたものを記録しました。

メールで知る情報

地震が起きた時は仕事中でした。一番困ったことは、娘二人とメールのやりとりができなかったことです。一回だけはつながったのですが、その後はなかなかつながらなくて、とても心配でした。娘は、中学校の卒業式で早く帰ってきたのですが、出かけて、家の中にはいなかったのです。

会社は地震が発生してから一時間ぐらいで解散になりました。バイパスを通って帰りましたが、かなり渋滞していました。

その時に津波があったことを聴覚障害者の友だちのメールで知りました。私の家は小名浜（沿岸沿いの地区）でしたので、とても心配しましたが、大丈夫でした。電気は来ていましたが、水道は止ま

っていました。しかし、また津波が来るかもしれないし、みんな避難してだれもおらず、自分だけ残るのが不安なので、地域の皆さんといっしょに避難所へ行きました。

三日後に原発事故があったことを知りました。買い物をしている時に、広報車が屋内退避の呼びかけをして回っている、と友だちからのメールで知りました。

避難所では、娘の通っていた中学校の同級生のお母さんが、私が行っていたサークルでいっしょだったので、情報をいただきました。たとえば「食事とか毛布とかもらえるよ」などと、たいへん助かりました。でも他の聴覚障害者の皆さんは、避難については情報がなく、どうして並んでいるのかもわからなく、全く情報が得られない人がたくさんいました。

通訳がいないときは、行列を見て、なぜ並んでいるのかをよく見ていたり、「私は耳が聞こえないので、何かあったら知らせてください」と、だれかにお願いをしたりして知らせてもらいます。でも、その時は混乱していたので、難しい状況でした。

あとはメールです。メールをもらうと転送してだれかに伝えることをしました。

メールで伝え合う

私は被災後、聴覚障害者の安否確認のメールをしたり、実際に避難所に行って相手を確認したりしました。テレビではニュースに、最初のころは手話通訳者が必ずいっしょに出ていましたが、そのうち映像に映らなくなりました。また緊急の生放送だったために、字幕も間に合わなかったようでした。

ときどき字幕が付くこともありましたが、年配の方は意味を理解することが難しく、内容がわからずにとても困ったようです。そのため情報が全くなく、わからない状態だったようです。

原発が爆発して、屋内退避の広報車が回ったときも、言っていることが聴覚障害者には聞こえないため、今どういう状況なのかが全くわかりませんでした。知り合いの耳の聞こえる人から、情報をメールで伝えてもらい、私が聞こえない人にメールやファックスで連絡したりしました。富岡や双葉などに暮らしていた聴覚障害者はいわき市の仮設住宅で生活しています。その人たちに情報提供をしたり、孤独にならないようにコミュニケーションをしたりする活動をしています。

元気にしている？　交流会

「東日本大震災聴覚障害支援福島本部」が二〇一一年の七月に設立し、「元気・笑顔・福島」をテーマにイベントを開催しました。津波や放射能でいろいろ苦しんでいる状況なので、気持ちが落ち込んで暗くならないように、みんな元気にしているかということで、避難しておられる方、また聞こえない人や手話サークルの人が集まりました。いわきだけでなく、福島市・郡山・会津若松など福島県全体に呼

富川和美さん

びかけて集いました。二百名以上の参加者があり、楽しく交流ができました。二〇一二年も七月に復興イベント2として「元気だよ　全員集合」というテーマで行います。

私たちは聞こえません。情報支援を

日本財団は、被災地である岩手・宮城・福島県の聴覚障害者が手話通訳や文字通訳の支援を受けられるように、「遠隔情報・コミュニケーション支援事業」をしています。それは聴覚障害者に対して、代理電話、遠隔通訳支援、文字情報支援などの遠隔情報支援です。

遠隔情報支援とは、私たちは耳が聞こえないので、電話が使えません。それでファックスで送ります。たとえば病院を予約する場合、ファックスを送っても返事が来ないと心配します。そういう時に遠隔事業所にファックスを送ると、そこから病院のほうに電話をかけて、受けつけてくれたかどうかの返事をもらうのです。また携帯やｉＰａｄやパソコンなどでは、テレビ電話が使えます。テレビ電話は、通訳がいないときに手話で伝えられるので同時に話せるのがいいのです。宮城・岩手・福島三県は、無料で使えるようになっています。

私たちは聞こえません。地域には通訳もいますが、それも十分ではありません。皆さんと同じように聴覚障害者の私たちにも、情報をいただきたいと熱望しています。

災害時、あなたのまわりに 聴覚障害・言語障害のある方がいたら……

＊放送が流れるなどしていても伝わらないため、テレビ・ラジオなどの音情報はかならず文字や掲示でも伝えること。

＊言語障害で相手の言葉が聞き取れない場合、中途半端な返事はせずに、わからないときははっきりとその旨を伝える。

介助する場合

＊コミュニケーションは、手話・筆談等がある。口のかたちを読みとってもらうのは、正確に伝わらないだけでなく、強い疲労を招くことも十分認識しておく。

＊筆談は、たくさんのことを長い文章で伝えようとせずに、短い文章でわかりやすく書くこと。

＊難聴の高齢者の場合、一度に大量の情報を伝えようとせずに、ゆっくりとひと言ずつはっきりと話す／筆談する。

★音情報が得られていない状態であることを、まず理解すること。

情報と人とのつながりが生きる力に

宮城県　石巻市　　Ｓ・Ａ（視覚・聴覚障害）

二〇一四年二月のエコロジー・モビリティ財団第一〇回交通バリアフリー推進勉強会での講演内容をもとに、Ｓさん自身が文章化したものです。Ｓさんは難聴に加え、約十年前に網膜剝離となり、目が不自由になりました。現在は、みやぎ盲ろう児・者友の会所属し活動をしておられます。

その瞬間は突然にやってきた

私は弱視難聴の盲ろう者です。文字は左目で拡大読書器やライト付きルーペを使用して、ゆっくり読むことができます。筆記は、ライト付きルーペ（六倍）で、サインペンなどの太いペンで何とか書ける場合もありますが、難しいのです。視力は左目のみで、視野狭窄があり、見える部分で〇・〇三程度です。光の感じ方は普通の人の半分くらいです。

聞こえ方は、近くでの会話は、ゆっくり、少し大きい声で、話していただければできますが、少しでも離れたり環境が変わったりすると、言葉として聞き取れなくなります。聴力は両耳ともに六〇～

七〇デシベルです。左耳に集音器を装着することもあります。

東日本大震災について私の体験談をお話しします。自宅は石巻市の沿岸部にありました。太平洋に面したリアス式海岸の湾から直線距離で約二〇〇メートルの場所にありました。私の住んでいた地域はワカメや昆布、ホタテなどの養殖漁業が盛んなところです。豊かな自然に囲まれながら、家族と普通に暮らしていました。人生を大きく変えたその瞬間は、突然やってきました。

二〇一一年三月十一日。家族は全員出勤し、自宅の部屋でひとりでテレビを見ていた私に、突然の激しく強く長い揺れ。身動きがとれず、建物ごと潰されるかもしれないと覚悟しました。ようやく揺れが一時的に落ち着いたタイミングで、自力で避難しようと外に出たとき、父が近くの職場から迎えに来てくれました。間一髪、車でいっしょに高台へ避難しました。

まもなく一五メートル以上とも言われる大津波が地域を襲い、自宅は土台を残して全壊流失しました。津波は近くの学校の屋上にまで達し、避難場所になっていた裏山の小さな神社の石段にまできました。震災発生その瞬間から停電、ライフライン遮断、防災無線も入らない、携帯電話も電波が入らない、ラジオの電波も不安定で情報は全く入らない状況でした。地元消防団が見回りに来てくれたと後から聞きましたが、難聴のため気づきませんでした。

人それぞれ置かれた状況は異なりますが、もし、「まもなく〇△メートルの大津波がきます」という情報が入れば、避難までの状況も変わったかもしれません。私もひとりでいたので、少し距離はありましたが、安全なルートから高台に避難しようとしていました。しかし、ひとりで避難していたら、見えにくいなかでの移動なので間に合ったかどうかわかりません。タイムリーに正しい情報が一つ入るか、入らないかで、状況も判断も動きも変わってくることを実感しました。

今を生きていくことに必死

高台にあった避難所での生活は二か月半あまりに及びました。震災当日の夜は一〇〇人以上の避難者が集まりました。直後の夕方は雪が降り、とても寒い晩でした。そして、津波被害のなかった民家の食料を集めて、避難したみんなで少しずつ分け合って食べました。

夜が明けてから、国道の橋は流され、一面瓦礫で足の踏み場もなく、まるで戦争で爆撃を受けて破壊されたような光景だと地域の様子を伝え聞きました。道路も寸断され、安否確認や地元へ戻るための移動は徒歩でした。その後地域の男性が徒歩で、町の中心部にある学校付近まで何時間もかけて食料を調達しに行ってくれました。また、限りある食料を地域の民家の方々から分けてもらったり、個人のつながりから受けたものもありました。

その後、自衛隊の救援が入り、自衛隊車両のみが移動できるようになってから、自衛隊が運んでく

自宅裏の神社から見た自宅付近

だされる物資も届くようになりました。ライフラインがストップしたなかで、私たちの命をつないだのは、山水です。震災発生翌日以降、地域では山から水をひき、山水を避難所で使用しました。時間の経過とともに食料以外の日用品、衣服など、支援物資が届くようになってきました。それでも何かが満たされると、また別の足りなくて困っているものが気になり、今を生きていくだけでみんな必死でした。

動けないストレスと、見られているストレスに悩む

避難所生活で視覚障害者、盲ろう者（目と耳の両方が不自由な方）、障害者として困ったことは、自力での移動困難と自由にトイレに行くことができなかったことです。広いフロアの中で、目が不自由で耳も難聴の私は、だれがどこにいるか、周りの状況もわからないのです。トイレは見えている方にとっては近くにあっても、目の不自由な私には位置がわかりにくく、ひとりでは行けない。トイレは水洗なので、水が出ない状況では使えず、汲み置きした水で流しても周辺が汚れやすい。つまりやすい。日中は家族が避難所を離れると、まわりに気をつかったり、言いだせなかったり、トイレにも行けずに、食事以外はその場で座りっぱなしの日もありました。少しずつ復旧してきてから、トイレの水も流せるようになり、朝と寝る前には必ず家族につれていってもらいました。一五〇メートルほど歩いたところにある民家の外の汲み取り式のトイレを利用できるようになってからは、だいぶ楽になりました。

次に困ったのは情報が入りにくいことでした。当初は孤立した集落となり、また地元の役所自体が被災し、行政機能が麻痺、携帯電話の電波やインターネット環境が不通、固定電話もつながらない状況でした。また障害者に関する情報も入りにくい状況で、私自身、避難所生活で困っている状況ではあったものの、それが具体的に話せず、必要なものが何かさえわからなかった時期がありました。

そしてプライベート空間がないことを意識するようになってからは、障害者であることを周知されているありがたさと、常に気をつけて見られているという気がおけない状態。でも、ひとりでは移動もできないその場にいるだけの生活は、精神的にかなりきついものでした。自力で、動きたい時に移動ができない、動けないストレスと、いつも見られているかもしれないというストレスには悩みました。また、助けを求めたい気持ちと迷惑がかかる申し訳なさ、そして周りも不自由な日常を強いられているなかで、自分だけが特別な支援を受けるという時の周囲の目が気になり、葛藤しました。

勇気をもって踏み出した一歩からつながった人と情報との出会い

一軒家のみなし仮設に転居してからは、目が不自由でも感覚で移動のできた居住空間を失い、自宅からひとりでは出られなくなってしまいました。震災から一年が過ぎた二〇一二年四月、また自分でも何か始めようと携帯電話のインターネットで検索していたとき、仙台市にある中途視覚障害者の支援団体を見つけ、さっそく連絡を取り、相談に行きました。そこで障害者手帳の変更申請ができること、白杖をはじめ視覚障害者の利用できる福祉サービスや福祉機器のことを初めて知りました。そして視覚障害者向けのパソコン職業訓練があることもわかり、二〇一二年十月から半年間、寄宿舎で寮生活を送りながら、障害者職業訓練施設でパソコンの勉強をしました。その間、視覚障害者情報センターで点字訓練も受け、視覚障害者仲間との出会いもあり、情報も入るようになりました。盲導犬協会の白杖歩行訓練も受けて、ひとりで歩く快適さも久しぶりに感じました。

パソコン訓練を受けている間に視覚障害者仲間の紹介で、被災地障がい者センターみやぎと出合い、いろいろな情報や支援をいただくことができました。視覚障害者が利用できる事業所や福祉サービス、同行援護も利用できるようになり、現在は、ご支援いただいた拡大読書器を使い、活字情報も再び入れられるようになりました。

ひとりではやはり移動ができない。移動支援を

私の住んでいる地域は、もともと僻地の公共交通網の不便な地域にあり、震災後の環境激変も手伝い、住民バスが一日三本しかなく、普段の移動は主に車です。震災前は地元の友人や知人を頼りに市内中心部まで送迎支援していただきましたが、引っ越しした今は頼る知人も少なく、バス停は歩道のない道路の二キロメートル先にあるので、ひとりでは行けません。仙台に出るときは、朝、家族が出勤の時に車で送ってもらい、高速バスを利用しています。

石巻駅からは仙石線もありますが、今もまだ全線復旧しておらず、途中でバスに乗り換えがあるので、時間がかかり、不便です。高速バスは、電車の不便さもあってか、利用者が多く、いつもとても

海から道路を挟んで自宅があった地域

混んでいて、満席で乗れないこともあり、時間どおりにいかないことがあります。自宅から二時間以上かけて仙台に出て来ると、交通網や福祉環境が整備されていて単独で移動ができる場所もあり、活動ができますが、地元では、タイムリーに移動の支援をしてくれる車がないと、自由に動けず、自宅にこもりがちになってしまいます。外出先で動けず、長時間待機して、迎えに来てくれるのを待たなければなりません。ひとりではやはり移動ができません。

今は視覚障害者情報センターで点字訓練や情報機器講習を受けたり、仙台市にある中途視覚障害者支援団体の行事に参加したり、新たに、盲ろう者として、みやぎ盲ろう児・者友の会の活動を一生懸命しています。家族の出勤、退勤に合わせて高速バスのバス停まで送迎してもらってるおかげで、なんとか命をつないで生きていることを実感できる活動ができていますが、それ以外には移動手段や交通網が不便で利用できず、再びいつ活動ができなくなるかという不安の中で生活しています。

これからも点字や情報機器などの訓練を続け、みやぎ盲ろう児・者友の会の活動や、地域や県、国の福祉制度やサービスについて学びながら、活動の幅をもっと広げていきたいと思っています。移動と情報、コミュニケーションに不自由があっても、いろいろなことにチャレンジして、交流を重ねていきたいと思います。本日もみなさんに話を聞いてもらえたことは、たいへん貴重な経験になりました。これからもがんばって活動していきます。

最後に、みなさんにお願いしたいことがあります。地域の中に盲ろう者、視覚障害者、車いす利用などで移動が困難な障害者がいるかどうかを把握してほしいのです。存在がわかれば、関わりを持ち、必要であれば移動の支援を手伝ってほしい。また交通のバリアフリー化という視点でもアイディアを出し、もっと社会に広がるよう、ご支援とご協力をお願いします。

災害時、あなたのまわりに視覚障害のある方がいたら……

＊移動と情報取得に困難を抱えるため、特にひとりでいるときは、命の危険にさらされることが少なくないことを理解しておく。

＊全く見えない全盲の方と、低視力や視野狭窄などにより見えにくい弱視の方もいることを理解しておく。

介助する場合

＊声をかけ、肘または上腕部に摑まってもらい、段差や障害物、進路など状況説明を加えて移動介助すると歩きやすくなる。

＊言音声や言葉だけでなく、手で触れて確認できると理解しやすくなる。

★移動や避難のときに取り残されることのないよう、配慮と支援が必要。

病院にも買い物にも行けない障害者、災害対策に移動手段の確保を

大規模災害では仮設住宅を建てる土地の確保が難しく、交通機関から遠い不便な所に建てられる傾向があります。普段から交通手段に困っている障害者は不便な仮設住宅ではますます身動きが取れなくなってしまいます。

また、移動送迎支援は長期的に行う必要があるため、ある程度の収入が見込めれば事業化できるのですが、黒字にするためにはタクシーと同じような高い料金になり、利用する人々の経済的負担になります。そのため、被災地の沿岸各市町村では非常に重要度の高いサービスにもかかわらず、赤字になることが多く民間サービスとして確立することが難しいのです。

とくに、被災した地域では、災害によって移動手段が奪われる方がいることを念頭におき、災害復旧費から移動手段を確保する費用を含めておく必要があるでしょう。そして、災害時には移動が困難になる人の対策を事前に把握し、準備しておくことが必要です。

「私たち」は避難所に避難できなかった

宮城県 仙台市　井上朝子《いのうえともこ》（肢体不自由）

二〇一一年七月、全国自立生活センター協議会総会での講演をまとめたものです。井上さんは脳性まひの方で、車いすを使用しておられます。当時CＩLたすけっとの事務局長でした。CＩL（Center for Independent Living）とは、「自立生活センター」のことです。

震災発生――その時、私たちは

震災発生時は、スタッフのほぼ全員が集まって事務局（CＩLたすけっと）で会議をやっていました。会議中の地震だったため、主要メンバーの安否確認はすぐ取れました。そして、こんなに長くて大きな地震だと思わないものですから、最初のうちはスタッフが「大丈夫、大丈夫」と言って笑っていました。けれども、揺れがだいぶ大きく強くなってきて、これまで自分が経験をしなかったような大きい地震が来たのだとすぐに直感しました。その後の報道で、実際の地震は三分ほどでおさまったと聞きましたが、当時はもう長くて長くて体感的にはその倍ぐらいに感じました。みんなそれぞれが頭をかばったり、車いすにしがみついたり、かなり必死な状態でした。

私たちは脳性まひがほとんどなので、体が引きつったような状態で固まっていました。かなり怖かったのを覚えています。それに私の車いすは簡易型電動で、とても軽くできています。地震が大きくなるにつれて、次第にぐらぐらしてきて、車いすごと倒れてしまうのではないかと怖かったことを記憶しています。たまたまそばにいたスタッフの方が車いすごとかばってくれたので、けがもなくてすみましたが、ほんとうにその時は転倒するのではないかと思って怖かったし、必死でした。

それから、地震がおさまってしばらくして外に出てみると、歩道や道路がひび割れ、ぼこぼこになっていました。でも、まだその時はテレビが映らなかったし、何の情報もなかったので、「大きい地震だったね」「怖かったね」などと言って、自分たちの町が、そして東北がどんな状況になっているのかもまったく知りませんでした。

避難所でなく、事務所での寝泊まり

発災当初は、ヘルパー自身が被災して自宅から出ることが難しかったのです。車で来ているヘルパーが多いことから、ガソリン不足による移動制約、加えて家族の中に幼少の子どもや高齢家族がいるため、普段どおり働けない人が多くいました。震災から二週間くらいは毎日がスクランブルで、正職員に不休でがんばってもらいました。それでも手が足りなくて、利用者二名に対して一名のスタッフで対応することがありました。自宅のかけもちは難しいため、メンバーにも事務所に来てもらい、震災直後から二～三日は、とりあえず事務所の中でみんなで寝泊まりをしていました。事務所は、壁がひび割れしたり、いろいろガラスが割れたり、上の蛍光管がぶら下がってきたり、けっこうひどいものでした。

そんな状況の中、もともと相談室になっている小さめの部屋に、最初の一晩は介助者の人と当事者とあわせて一四、五名が集まって過ごしました。横になって寝ることができずに、車いすと車いすとがぎゅうぎゅう詰めの感じで、当日の夜を過ごしました。

私たちも一度は、地元の避難所になっている小学校に、泊まれる状態かどうかそれぞれ様子を見に行きました。私が行ったのは、三月十一日の午後四時半でしたが、もうその時点で長町小学校の体育館は一〇〇〇人近くの人がドヤドヤと集まっていました。車いすの身動きもとれなくて、方向転換すらできない状況になっていました。

当然のことながら、トイレには長い列ができていました。身障者用のトイレがあったはずですが、体育館を出て行かなければならない別の場所にあるため、身動きがとれない状況の中、そこを使うのは実際的にまず無理で

避難所から事務所に戻ってきた人々

した。

三月十一日はとても寒い日でしたから、ストーブもないような状況でそこにとどまるのは無理だろうと判断しました。スタッフの一人が事務所の状況を見に行き、事務所が使えるかどうかを確認した後、車で迎えに来てくれて事務所に入りました。他のメンバーも結局はやはり同じような理由で、避難所ではなく事務所のほうに戻ってくる形になってしまいました。

それから、事務所に泊まったり、あらためて自分で行ける避難所を探したりしました。入った避難所の方々には本当にお世話になりました。暖房がある部屋を用意してくださったり、食事を部屋まで運んでくださったり、心配りをしていただきました。震災直後はそうやって過ごしていたのです。

私たちにできることは

CILたすけっとは長町という地域にあり、地下鉄が通っていることもあって、震災の翌日には電気が通りました。水も出ていて、ガスだけがなかなか復旧しませんでしたが、翌日の夜からテレビやインターネットやパソコンが使えるようになりました。

環境がある程度整ったこともあって、今の状況がどうなのかを、この目で見ることができました。それまではラジオを通してしか情報を得られなかったため、「なんか津波がすごいらしいね」とか、そんなことを話しながら一晩を過ごしていましたが、テレビを見ると、「これはちょっと想像以上にひどいよ」ということで、「自分たちにも何かできることはないのか」、「自分たちでも何かしたいね」とか口々に話していました。

そんな時、たしかＪＩＬ（Japan Council on Independent Living Center「全国自立生活センター協議会」）から物資を被災地の方に贈りたいという申し出がきていることをスタッフより聞き、私たちが物資を一旦受け取って、同じように困っている被災した障害者に配ろうということになりました。そこからＣＩＬとして、被災障害者に対する物資提供の活動が始まりました。

まずは全国から届いた物資を障害をもつ仲間一人ひとりに手渡すために、当事者やスタッフが避難所を回りました。そして、そこに障害者がどれだけいて、どんなことに困っているのか、何が必要なのかを調査することになりました。けれども、自分たちだけで避難所を回るのには限界がありました。そこで避難所回りは健常者スタッフに任せて、私たちはどうすればいいのかということを考えました。

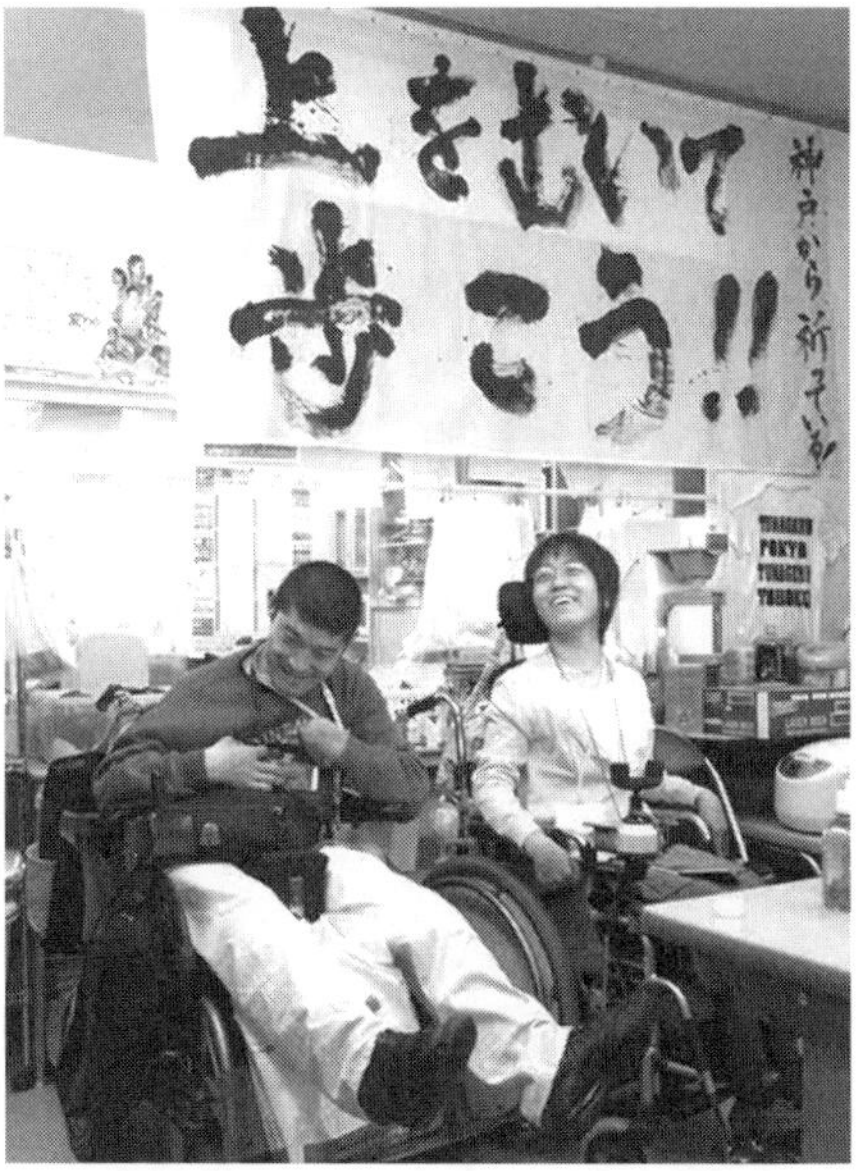

井上さん（右・ＣＩＬたすけっとにて）

まず、「物資提供をしています」というチラシを作ることに決めました。ＣＩＬたすけっととして「物資を提供しています」というチラシを大量に刷って、健常者スタッフに避難所を回りながら配ってもらいました。すると、じわじわと反響があって、何人かとつながることができていきました。あとはチラシだけでなくて、うちの利用者さんやその知り合いや仲間を通じて、だんだんと「障害をもっている人が困っているよ」という話をいただきました。また「チラシを見たよ」という電話をいただいたり、少しずついろんな方々とつながっていくことができました。

三月二十日ごろには、ゆめ風基金理事の八幡さんが現地に入ってきてくれました。金銭的なバックアップやボランティアを全国から集めるお手伝いをしてくれるということで、それをきっかけに本格的に「被災地障がい者センターみやぎ」の立ち上げにつながっていくわけです。

活動の中で見えてきたもの

活動を進めるなかで見えてきたものとして、やはり大きいのは地域格差です。もともとそれぞれの町が抱えていた課題が、この震災によって浮き彫りになった気がします。地域によってはまだまだ閉鎖的で、障害をもった人は家族が抱え込んで、それが無理になったら施設へという流れが色濃く残っています。その地域で、できれば元気な当事者の方とつながっていって、拠点を作り、自分たちが生活をしていくためのニーズを掘り出し、いっしょに考えていく仲間ができてくればいいなあと思って、日々活動しているのです。

「たすけっと」としても、地域の中で安心して仲間たちと暮らしたいと思ったときに、ずっとその中で暮らし続けられるような体制づくりをどんどん進めていこうと思っています。

避難所に障害者がいられない

岩手県　大槌町　　T・Cさん（高次脳機能障害者の母親）

二〇一一年、被災地障がい者センターいわての方が、Tさんからお聞きしたことをまとめました。Tさんのご要望で匿名としました。

ああ大丈夫だった！　生きたあ！

三月十一日の被災当日、息子は普段ショッピングセンターに行っていますが、その日は自宅でおばあちゃんとくつろいでいたそうです。私は仕事で町から海の向こう側にある箱崎地区にいました。大きい地震が来て、その揺れがおさまらないうちに、私はとにかく家へ戻ろうとしました。

夫が町の中心街にいたようで、すぐに家に帰ってきて、うちのおばあちゃんと息子と隣のおばあちゃんを車に乗せたということです。息子は、身体が不自由で寝たきりの隣のおばあちゃんの手を引っぱって、車に導いたそうです。うちのおばあちゃんは自分で歩いて乗り、四人で町の中心部へ逃げたということです。

避難所になっている中央公民館への道路は渋滞していて、津波が来るのに間に合わないかもしれないし、バイパスを越えた桜木町方面の避難所なら大丈夫だろうと思ったそうです。そして、そこで偶然にも私と会ったわけです。

私はやっとの思いで根浜を越え、土砂崩れのあった所をどうにか切り抜け、片岸の農道まで来れば、時間的にはまだ津波は来ないと思って、車で突き進みました。大槌トンネルを抜けて上へあがったとき、「ああ、大丈夫だった！　生きたあ！」と思いました。けれども、そこから渋滞で車が動かなくなりました。「あぁ、こういう時は、交通ルールも何もない」と思って、私は追い越しをかけて、やっと家に帰れるとひとまずホッとした時に、夫たちにバッタリ会ったのです。

夫が「家のほうへ向かうな。今行ったら、津波で死んでしまうから」と言うので、夫の車の後ろについて桜木町に来ました。夫の実家に行こうと思っていましたら、そこも危ないということで兄夫婦が下りて来ました。それなら、避難所になっている集会所だと思ったら、そこも危ないということで、その上のほうに家が一軒あるのでそこへ避難することにし、息子と隣のおばあちゃんを抱えるようにして行きました。

そして、「ここでいい、ここでいい」と言っているうちに、津波が川をさかのぼってきて、堰を壊して水があふれてきたのです。「ああ、ここも危ない！　もう少し上がろう！」と言って、やっとの思いで安全な所まで行き、腰を下ろすと、川の上に大きなものがいくつもプカプカ浮いて、やって来るのです。ずいぶん大きなゴミかなと思って、よく見ると、それが車だったのです。桜木町の道路をたくさんの車が泳いでいます。そして、家にも垣根にもお庭にも車が引っかかっている、そういう状況でした。

三月十一日の夜

そこには、幼稚園の子どもたちも避難して来ていました。夫が穴を掘り、木を渡し、杭を打ち、適当な大きさのござを見つけてきて、仮設トイレを作りました。「男はどこでもいいけれど、女の人たちはここで用を足して」と。夕方になると、幼い子どもたちが寒いと震えはじめました。近くの家は夫の同級生の家だったので、園児たちを中に入れてくれるよう頼みますと、快く引き受けてくれました。とても良いご家族でした。

そのうち雪も降ってきて、夫は「お年寄りも中に入れてください」と、またお願いし、受け入れてもらいました。私も息子のことが心配だったので、自分のブラウスを脱いで着せました。あの日は昼間はとても暖かかったのです。ですから、みんなセーターやジャンパーを持たないで来た人が多かったのです。息子が発作を起こさなければ、と思っていました。

午後八時ぐらいに山火事が起こり、そこの家も危なくなりました。泥と水のために歩けないので、ビール箱を重ねて橋を作り、そこを男の人たちが押さえて、一人一人を渡しました。水が引いても、一階はドロドロの集会所の二階でひしめき合うようにして、一晩を過ごしました。それから避難していた人たちは徐々に、あちらこちらへ行ったり、迎えが来たりしました。

薬を求めて

　私の息子はどうしても薬がなければならないので、医師のいる所へ行くようにとみんなに言われ、施設Sに向かいました。ところが施設Sに行くと、水がありません。正式な避難所として認められていなかったからだと思います。私たちはそのことを知らないので、ただ医師に診てもらえるということで行ったのです。

　施設長さんは「本来の事業と違う」ということで、とても不機嫌でした。私はすぐに受付のお手伝いをしました。パソコンもないので、入って来る人、出て行く人のことを全部手書きで、中央公民館に報告しなければならないということでした。

　そこの施設では、グループを年代ごとに分けようと高校の先生が中心になって話し合っていました。ところが、病人の介護をしている家族から、それでは困りますと相談されました。私も息子と離れたら大変だと、「今回は家族はいっしょにいたほうがいいと思います。弱い人たちのためにここがあるのだから、居やすい場所にいたほうがよいのではないでしょうか」とみんなに話し、家族ごとに布団を寄せ合うようにしました。

　私が一日中受付にいるもので、息子はみんなの中をフラフラ歩き回り、お友だちもできましたが、ケンカをしたりして、私は謝り歩きました。私がそばにいなかったこともあったと思います。障害者の人たちも特別な区分がありませんでした。みんな自分が生きていくだけで精いっぱいでした。

二週間くらいして、この施設の施設長の意向で、施設と関係のない人は出て行くことになり、私と息子は、夫がボランティア活動をしている臼沢地区のD集会所に行くことにしました。今思い返すと、施設を作る条件として、「災害時に無条件に町民を受け入れる」ということが必要ではないかと思っています。

D集会所でも、息子に対して最初「何だ。この人？」という感じでした。おばあちゃんたちにちょっかい出してトラブルを起こしたり、テレビのチャンネルで子どもたちと言い争いになったりするのです。「ごめんね」「申しわけありません」と、本当に頭がハゲるくらい頭を下げて歩きました。そんな状態ですから、そこにも長くいられませんでした。

避難場所を転々とし、やっと家に

臼沢地区に戻って来てから、息子は二回目の発作を起こしました。薬はもらって飲んでいました。県立病院に行く機会があって、その時にたくさんもらってきたからです。でも、精神的に衰えているため、大人数での団体生活が大変なのです。わがままで、私がそれ以上に良いことをして歩かないと、それを帳消しにしてもらえないと思っていました。息子のために、「みんな本当にごめんね」と、何か一つでもその人のためになるようなことをしようと、そんなことばかり考えていました。

発作は月一回くらい起こします。夜トイレに起きたそのあとに起こすのです。もう皆、大騒ぎでした。ですから、息子がトイレに起きて帰って来るのを、寝ていても確認します。「大丈夫？」と言うと、「うん」という答え。気分が悪い時には返事をしないので、気をつけていると、すぐに発作が起きるのです。そこを注意していないといけません。そういうことは家族でなければわかりません。

大正一〇年生まれの母は、娘の夫が迎えに来て栃木県黒磯市で預かってもらいました。

それから一か月、水に濡れた家を貸してリフォームしてもらい、四月三十日に引っ越しました。ここへ来て、コンビニも五月から開店し、息子も散歩しながら行くのを楽しみにしているようです。

一時期ショートステイも探していましたが、見つからないままです。昼行って、夕方帰って来るような施設でもいいのです。探してもらって行きましたが、やはり息子は皆とうまくいかず、作業所に行っても作業をなかなかしません。それでも良い所があったら、やらせたいと思っています。

ルールが守れないということで、遠野などでも嫌われてしまいました。きっと好き勝手をするからでしょう。私の言うことは聞くのですが。ショッピングセンターに行っても、きっと同じようなことをしているのだと思います。ですから、「皆に嫌われないようにしてね」と話すのですが、なかなかうまくいきません。

家族いっしょに避難できる所がいい

息子は三十歳を超えていますが、まるで子どもみたいです。こういう災害時に安全に預かってもらえる所があればいいなあと、いつも思います。連れて歩くこともできませんから。障害者施設はありますが、精神障害の人たちについては、相当訓練を受けた人でないとできないと思います。親でないとだめかなと思って、見ていますが、その親でも都合がありますから。小さい子どもであれば、背中に結わいつけてということも考えられるのですが、大きかったらそうもいきません。

私の仕事のある時は、車で連れて行ったりしますが、お客さんのところへ行く際には「車の中にいてね」と言えば、「うん」と答えます。けれども、勝手に降りてそのあたりをブラブラ歩くので、お客さんが「あの人、だれなのかしら」と言うわけです。それが困るのです。夫は、「もう連れて歩くな」と言います。

娘は、「もっと厳しくして。お母さんがいつまでも生きているとは限らないのだから、その時のことを考えて、厳しくしなければだめじゃない」と言うのです。それを言われると、「ああ、そうだなあ」と思って、私のほうがひるんでしまいます。確かにそのことは頭に入っているのですが、どうもうまくいかないのです。息子は、「俺なあ、長生きしないから」と言いますが。

岩手県では、普通の避難所には障害をもった人があまりいなかったそうです。宮城県では、けっこういっしょにいるとか。最初から福祉避難所と分けてしまうのも問題のように感じます。そうした選択肢があってもよいのですが、「そちら（福祉避難所）へ行ってくれ」というのは、どうかと思います。皆でいっしょに避難したほうが、お互いの協力が生まれてくることもありました。

基本的に、避難所ではだれでも避難して来られて、たとえば自閉症の子に個室が必要であれば、余っていたらそこを使ってもらえばいいなと思います。やはりそういうのは難しいでしょうか。そういう部屋が欲しかったのは確かです。いつ発作を起こすかわからなかったので、隠れた部屋があればいいなと思いました。ただ寝るだけの場所でしたから。大槌高校には、囲いがありました。行ったときには、びっくりしました。家族ごとに囲いが一つずつあり、「ああ、ここが良かったなあ」と感じました。家族がいっしょに避難できますから。

災害時、あなたのまわりに精神障害のある方がいたら……

＊睡眠障害のある人や、夜中に落ちつかない人もいる。そのため、疲れやすさから休息が多く必要な人もいる。

＊食事や対人関係等、日常生活や社会生活に著しい制限を受けていることを理解する。

介助する場合

＊常時使用している処方薬があり、それらの確保を迅速にできるようにする。

＊薬の副作用から水を多く飲む必要がある人もいるため、水の確保も大切。

＊薬の足りない状況からは病状の悪化も懸念されるため、当事者が安心、信頼して話のできる人や休める場所の確保が重要。

★見た目ではわかりづらい障害を、正しく理解すること。

避難の連続・次々と襲いかかる困難

福島県　南相馬市　小山田《おやまだ》トヨ（視覚障害）

小山田トヨさんは一九三二年生まれ。五十三歳で視力を失いました。二〇一二年二月、小山田さんが避難している南相馬市・牛越応急仮設住宅でお話をうかがいました。

死を覚悟した五日間

「私は目が見えないからねー。見えてりゃ裸足ででも逃げるんだけど。」

三月十一日の震災直後、自宅の前に住む知人から「津波が来るから逃げて」と声がかかった。その知人は「原町の親戚が心配だから見に行く」と言って出かけてしまった。自宅一階の茶の間のこたつで布団をかぶり、寒さと余震に震えた。翌日、原発が爆発。警察が「逃げてくれ」と呼びかけていた。警察は通りの裏まで入って来られなかった。周囲の人たちのほとんどが車で逃げ、助けに戻ろうとした知人の車は警察官に制止されていたことをあとで知った。

自宅は晴眼者の時から暮らしているので、針一本がどこに置いてあるかまでわかるが、新しい所は地図を描きようがない。自宅は小高駅のすぐ近く。津波は幸い線路の土手で止まった。しかし家の近くまで津波が来たため、水が引いた後も膝くらいの高さのヘドロが自宅周囲を取り囲んでいた。

広報車が来て、「逃げてください」との呼びかけはあったが、外に出られなかった。「助けて～、助けてー！」と叫んだが、届かなかった。電気も電話も水道も止まった。水がないのが困った。水は断水になる直前に、ヤカンに確保した。あとで知人から「さすがおばあちゃんだな」と言われた。この水で五日間生き延びた。

最初は即席ラーメンを食べようと灯油ストーブで作った。こんなに水を使うのはまずいと気づいた。ラーメンは一回きりにした。食パン二～三枚が残っていたので、それをかじった。電気も水もないからご飯は炊けなかった。トイレはお風呂の残り湯で流した。地震の前に半分は洗濯に使っていたので、半分残っていた。地震でドロドロになった所を拭いたり掃いたりした。

街中がもぬけの殻となり、ひとりきりで取り残された。地震後は電車や車はおろか、猫一匹、前を通らなかった。

やっと通じた！

電話は通じなかったが、三月十五日の夕方にビビビッ……と、壊れたような音で鳴った。埼玉の親戚からの電話だった。先方は毎日一〇〇回以上かけていたらしく、「やっと通じた！　生きていてよかった！」と言われた。ヤカンの水でしのいでいたこと、ペットボトルに二センチくらいしか残っていないことを伝えた。親戚は南相馬市役所に電話をして、「水を届けてくれ」と言ってくれたが、「できない」と断られたという。

電話が通じるようになったので、自分から一一〇番をかけた。福島警察の女性が出たので、事情を説明し、救助を求めた。雪しぐれの日だった。警官が着くと、「男ものだが、この長靴を履きな。履かないと出られないよ」と言われた。大柄な警官に抱きかかえられるように泥と瓦礫の中を脱出した。

トヨさん、時の人だよ

警察の車で、市民文化会館「ゆめはっと」に向かった。ホールにはいっぱいの人がいた。音の感じからすると何百人もいた。みんな横になれなくて、立て膝で過ごしていた。同行した警官が一度外に出て、電話しているなと思ったら、「あんたは別のところに連れて行くから」と耳打ちされた。すぐに社会福祉協議会（社協）へ連れて行かれた。床暖房が効いたところで、温かい雑炊が用意されていた。

社協へは、自分の一一〇番通報から警察と市役所が調整して入れることになった。警官には命の恩人と感謝した。社協に避難したところで、自分のことがテレビとラジオで大きく報道された。「トヨさん、時の人だよ」「七時のニュースで今やっているよ」と言われた。五日ぶりに救助されたお年寄りとして伝えられ、東京の息子たちも自分の無事を知った。

しかし、社協は原発二〇キロ圏内にあったため、「別の体育館にバスで行くように」と伝えられた。社協の事務局長が「目の不自由な人を体育館にはやれない」と言ってくれ、埼玉の息子のところに送り届けてくれることになった。社協職員を一人つけて、自動車で送ってもらった。社協の看板をつけた車だったので、ガソリンスタンドで満タンにしてもらえ、通行規制のかかった緊急輸送道路を通ることができた。

息子宅へ

三月十八日の夜の八時に埼玉の息子の家に着いた。着いた時、息子からは「物乞いの一歩手前の格好」と言われた。避難前、一度よそ行きの服に着替えたものの、避難先で自分だけが着飾っていてはおかしいと思い、よれよれの服に着替え直していた。長靴をはいて、一週間ものあいだ顔も洗えない、着替えも入浴もできなかった。

息子宅では招かれざる客だったと思い、二か月間の滞在の後、できたばかりのショートステイを四〇日間ほど利用した。さいたま、熊谷、川越あたりで避難先施設を探したが、どこにも入れなかった。

刑務所のほうがマシ

ある視覚障害者の施設が見つかった。病院が経営する五〇人定員の養護盲老人ホームだった。施設には七月二十六日から翌二〇一二年六月四日まで一〇か月余の間過ごした。視覚障害者の施設とはいえ、入所歴の長い認知症の老人が多かった。

「ひどかった」「居心地よくなかった」――何でもかんでも世話を焼かれ、意にそぐわなかった。相談員に自分の意向を伝え、自分は掃除も洗濯も一切ひとりでやった。入浴の時、浴槽までの手引きだけを頼んだが、あとはすべて自分でやった。自分で主張しないと、頭のてっぺんから爪先まで洗ってくれるところだった。一円の金も自由にならない。保険証も年金も実印も持ち物はすべて取り上げられ、管理された。「なんだここは?」と疑問だった。

後からわかったが、「入ったら一生過ごす所」と聞かされた。一生いるつもりはなかった。「施設を出たい」と主張しても、出してもらえなかった。一度入ったら簡単に出られないという説明だった。だから必死で闘った。

小山田トヨさん

六畳一間の相部屋(二人一部屋)で、すぐ手の届くところに便器があった。すぐ脇でお茶を飲んでいるようなところで、「刑務所でもこんなにひどいところはない」と訴えた。同室者が排便で失敗した下着を便器で洗っていた。それは何とか見逃せたが、部屋の中を拭く布巾を便器で洗っていた。これは辛抱ならなかった。育った環境が違うのだから、その人のせいではない。「合わせられない自分が悪いのだから、自分をよその部屋に替えてほしい」と訴え、自分の部屋を替えてもらった。

ここにいる人ではない

養護盲老人ホームには、月三八万円もの厚生年金がもらえる男性利用者がいた。「金があるのに、なんでこんなとこにいるんだ⁉」と、その人を問いつめた。その人は「息子や娘にとられるから」「ズボン下も買えないんだ」と話した。「良い所に入れるから」と説得されて入ったらしい。「施設を出たいなら市役所に頼んだらいい」と進言した。プライドのある人だったので、「こういうときは頭を下げて頼むんだよ」と教えた。「そんなに金があるなら、六畳一間でも借りて、一日いくらで人を頼んで世話してもらったらよいのに」と勧めた。

年金を二〇万円くらいもらっている人が大勢いた。一二万円の利用料払って、残りの八万円は施設が預かって、全体で何千万円という金額になっている。そういう人は自分では出られない。手を引っ張ってくれる人がいないと、一生出られない。そうしないと牢獄だ。職員の中には冷静な人もいて、「小山田さんはここにいる人ではないと思っていた」と、そっと耳打ちしてくれた。親身になってくれる職員は、周りに合わせるしかなく、小さくなっていた。

いわき市出身の緑内症の同室者に身内が会いに来た時に、面会者にこっそり相談した。いわき方面で出る先を探してくれるように、しかも秘密裏に進めてほしいことを頼んだ。電話をかける時は職員にそばで立ち聞きされるので、うかつなことはしゃべれない。

まるで姥捨山《うばすてやま》のように、見捨てられた人が入所していた。利用者に共通するのは、経済観念がないこと・金がないのに使わされること・自分のことしか考えないことだった。「なるほどなぁ」とつくづく思った。社会勉強させてもらった。自分は一人ひとりの生き方を見て、こういうところを見習いたい、こういうふうにはなりたくないなと研究した。

二〇一二年六月四日、ようやく出られることになった。出たいと言っても、なかなか出してもらえず、大騒ぎになった。「外泊体験ならよい」と言われたので、「体験してきます」と六月四日に出て、そのまま退所した。でも、施設の都合で六月二十四日まで籍を抜いてもらえなかった。

創立以来二〇年間で「生きたまま退所した最初のケース」と言われた。死んだら出してくれる。死ぬまで出してくれないところだった。

話が違う

入居先は、みなし仮設住宅だった。九十歳のおばあさんが大家で、病院からアパートを買い上げて経営していた。今も現役で仕事をし、食事を作って利用者に食べさせていた。一階ではおばあさんが社長を務める会社が老人デイサービスを経営していて、日中そこを利用する決まりになっていた。入居料は無料だったが、その施設のサービスを利用しないと食べさせてもらえなかった。

事前の説明では「土日は食事が出ないので、自炊してください」とのこと。自炊が楽しみで、これで好きなものが食べられると喜んで入ったのに、実際には「ガス、水道は使わないでください」と制限された。デイサービスは認知症の高齢者ばかりで、「九たす三は?」「五たす五は?」というレベル。「なんぼなんでもこれはないだろ」——。苦痛で苦痛でしかたなかった。話が違うと訴えたが、通らなかった。

みなし仮設に入っている間に、養護盲老人ホームから相談員がわざわざいわきまで足を運び、「小山田さん、戻ってくれ」と懇願された。片道二時間かかるところ、一か月のうちに二~三回も訪ねて来た。「無理やり連れて帰るなら、車から飛び降ります!」と断った。

この薄い血は何ですか!?

小高区の自宅に一度戻った。二~三日片づけをしたが、水道が壊れたままで住めなかったので、知人に頼んで宮城県の秋保《あきう》温泉に連れて行ってもらった。とにかく安い宿を探して一泊六〇〇〇円というところを選んだ。疲れが一度に出て三日間寝込んでしまった。宿の人が毎食運んでくれたが、一切食事に手をつけられなかった。温泉にも一〇日ほど浸かることができず、宿の人に心配された。

血圧の薬をもらいに医者にかかったら、笑われた。「ハハハ……。この飽食の時代に、この薄い血は何ですか!?」と高笑いされた。養護盲老人ホームでも、さらにデイサービスでも痩せてしまった(現在の仮設に入ってから、体重は元に戻った)。歯医者にかかり、入れ歯を直してもらったが、お盆休みにもかかり、四十数日も滞在することになった。

目の見えぬ者は置けない

宮城県社会福祉協議会経営の老人休養ホーム（二〇一三年二月で閉館）に行った。十数年来利用してきて、何十人も仲間を連れて行ったなじみの施設だったが、経営者が替わって方針が変わっていた。「目の見えない人をひとり置くことはできない」「付き添いがないとダメ」と言われ、二泊して出てきた。

次に、秋田県新庄市に程近い鳴子《なるこ》温泉に行った。一軒目は段差が激しく、迷路みたいになっていて、使いにくいので四～五日で出てきた。二軒目では、目の見えない者は置かないと言われ、一泊だけして出た。

息子に電話したら、「老人ひとりで泊まり歩いて何ごとだ！」と怒られた。こっちは好きこのんで温泉旅行をしているのではない。少しでもお金のかからない過ごし方を考えて、六〇〇〇円の宿を選んで訪ねただけなのに。

この間の避難を手伝ってくれた知人にはお金を支払った。「受け取らない」と言われたが、それなりの金額を支払った。「お金はこういうときに払わなくてどうする」と思った。

橋の下に住むわけにも……

仕方なく、住んではいけない小高区の自宅に戻ることにした。電気は戻っていたが、水道がダメだった。飲料水は知人が届けてくれた。食料品は買ってきた。でも知人から「月曜日からは水を持って来られない」と言われた。家の中は地震の時のまま、ガラスや物が散乱していた。人形のケースが壊れて、板の間にガラスが飛び散ったまま、足の踏み場もなかった。住めるように片づけた。一番大変だったのは冷蔵庫だった。一年半も放置してあったので、食べ物が腐って、〝くさいの、くさくないのって大変！〟な状態だった。ひとりでかき出して、庭に埋めて始末した。冷蔵庫は拭いても臭いは取れなかった。小高区には家に戻れず、まだ手つかずという家が多い。

自分が自宅に戻ったことは、以前担当してくれていたケアマネージャーに伝わった。「小山田さんが制限区域の自宅に住んでいる！」と、市役所の職員二人が慌てて飛んで来た。「命が助かった！」と思った。

市役所では、「八十歳のばっぱがひとりで住んでいる」と大事件になったと言われた。「橋の下に住むわけにいかないし」と言い返した。市職員が訪ねて来たのは金曜日だった。「急いで探します」と約束したが、土・日・月の三連休を挟むことになり、「待ってください」と言われた。連休明けの火曜日に迎えが来て、現在の仮設住宅に入ることができた。

家族五人で救助を待ち続けた

宮城県　石巻市　小林和樹《こばやしかずき》（ダウン症）

小林さんは、仙台市のパン屋さんで働いておられます。実家の石巻に帰ったときに被災しました。その様子をお話ししてほしいと依頼しましたら、作文用紙に丁寧な文字で書いて送ってくださいました。二〇一二年十一月のことです。

やばい！　イオンで買い物中に

三・一一地震が来ることを知らず、ぼくは、母たちが活動する「つながりの家」の視察で長町（仙台市）の「びすた〜り」（仙台市にある障害のある人たちが自立を目指して働くレストラン）に来ていた。朝九時にイオン石巻に集合して出発した。母と三国さん、八木さんたち五人で行った。いろいろ説明を聞いて、予定した時間より遅くなり、自分が働いている「小さな栗」にも寄ると計画していたが、寄れなくなったため、残念な気持ちだった。

視察研修が終わって、石巻に戻り、イオンで解散した。ついでに買い物をして帰ろうということに

小林さんの自宅付近の様子

なり、ぼくは本屋に、母は別の買い物をしていた。その時、「カタカタカタカタ……ゴォー」東日本大震災発生。

サイレンが鳴り、やばいと思い、テーブルの下にかくれた。地震は三回にわたって立て続けに来た。半分以上の本が落ち、天井のガラスが割れ、棚は一つだけ倒れたが、他の棚は倒れなかった。ゲームセンターの電気もすべて落ちた。係員さんの誘導で外に避難し、揺れがおさまるのを待った。

揺れがおさまり、母が心配で車があるほうへ歩いて行くと、「かずきー」と母の声。とにかく車に乗り、家に向かった。途中、アナウンスで「大津波警報が発令された。避難してください」と流れた。自分は早く高台に行きたいと思ったが、母が「一度、家に行く」と言ったので、付き合った。

タオルをふり、湯たんぽの水を飲み、助けを待つ

家に着くと、まもなく津波が襲ってきた。ものすごい速さで津波が来たために、父は慌てた様子で、いつもとは違う叫び声で「二階に早く上がれ。早く、早く」と言い、ぼくはズボンの裾まで濡れなが

ら、二階に上がった。愛犬のアニーを連れては、二階に避難できなかった。

一日目。その日は雪が降り、すごく寒かった。一晩中地震で揺れていた。食べ物も水もない暮らしをしていた。この日は、二階の窓から近所の人たちと互いに呼びかけ合い、助け合った。助け合いや気遣いも大事だなと思った。ぼくは心配しながら、「いつ救助くるのかな？　あー兄貴に会いたい」と何気なく感じていた。

二日目。朝からヘリが巡回し、ぼくと母と姪と祖母は必死で救助を求めていた。目立つ色のタオルや、「おーい」と叫ぶ声で助けを求めた。父は水没した一階に降り、流れてきたコーラやかりんとう等を拾って来てくれて、五人で食べていた。お腹が空いていたので、美味しかった。

二日目になっても、なかなか水の引く気配がなく、家の中で救助を待ち続けた。仕事を一か月休んでしまったので、早く復帰したいし、仙台のアパートにも帰りたい気持ちだった。もう一つ、「ケイちゃん大丈夫かな？」　姪が「明日ママに会えるかな？　早く会いたいよ」と泣いていた。早くママに会わせたいと思った。

三日目。水もなくなり、最後には母が使っていた湯たんぽの水を飲んだ。その時、「オーイ、大丈夫ですか？」兄が呼んでくれたのか、救助隊が助けに来てくれた。「あー良かった。これで皆、無事に助かる。」　ボートに一人ずつ乗せてもらい、やっとの思いで助かった。

外は海化し、家の一階半分が埋まるほどの津波を目のあたりにした。言葉にならないほどのショックで、大事にしていたアニーもパソコンも流され、無残な姿になっていた。

仕事に戻れてよかった

無事に救助され、青葉中学校へ行った。母の友人や家の親戚のところでお世話になった。ずーっと電気一つないローソクと懐中電灯の暮らしだった。

しばらく自分のアパートに帰れずにいた。少しして、ドロだらけの家の片づけに毎日行った。タンスや水没した物すべてを片づけた。貴重な物があると、取っておいたりもした。海水まじりのドロだったので、ものすごく臭かった日もあった。だんだん片づくにつれ、津波のすごさを思い知った。

片づけが終わりに近づいたころ、一本の電話があった。大学時代の恩師だった。近くにいたので、来てくれた。嬉しかった。家の中も見てくれた。それから、もう一本の電話が。大家さんだった。「迎えに行きますか」とあったので、迎えをお願いすることになった。

「やっと仙台のアパートに帰れる。あー良かった。」超うれしくなった。大家さんの一番下の子どもが「和樹君、帰ってきてうれしい」と言ってくれて、こっちもすごく良かった。仕事にも戻れて良かった。一か月も休んでしまったので、忙しさが戻り、三年目の今も一生懸命がんばっている。

小林和樹さん（勤め先にて）

提　言

届かぬ支援はもうゴメン
災害時に役立つ名簿管理を

東日本大震災
障害者の死亡率2倍
35市町村 本紙調査
在宅者保護 課題

毎日新聞二〇一一年十二月二十四日号

阪神淡路大震災でも、その後の新潟の中越地震でも、避難所には障害者の姿は少なく、支援以前に「支援を必要とする障害者を捜すこと」に多くの労力を割かれました。災害時にはいつも、障害者や高齢者が逃げ遅れる傾向にあり、東日本大震災では障害者の死亡率が健常者に比べ、二倍という調査がありました。

また、命が助かっても避難所で暮らすことができず、個人情報保護法の問題もからんで安否確認さえままならず、支援が届かない状況です。行政による要援護者の名簿登録があっても、災害時に活用できていないことは大きな問題です。災害時の状況と必要な支援を明確にし、災害時に役立つ名簿管理が必要です。

いわきから集団避難

福島県　いわき市　小野《おの》和佳《かずよし》（肢体不自由）

二〇一一年十月、八王子市内の小学校での講演をまとめたものです。発災当時はいわき自立生活センターで活動していましたが、現在神奈川県に移住しておられます。

津波に流された仲間

私は地震が起きたとき、自立生活センターという場所にいました。突然、携帯のアラームがなり、他のみんなのアラームも一斉になりました。「この音なんだっけかな」と考えているうちに、大きな揺れが来ました。そして、長い時間、横揺れが来たのです。

自立生活センターでは、障害のある人たちが地域で生活していくためのヘルパーを派遣しています。ヘルパーは、料理を作ったり、障害者がお風呂に入ったりトイレに行ったりするのを手伝ってくれます。

地震が起きて三十分ぐらいたったころ、一人のヘルパーさんが顔を真っ青にして、あわてて事務所に帰って来ました。「道路が水浸しで先に進めません。その先の障害のある人の家にヘルパーとして入らなければいけないのに、車で行けません。どうしたらいいでしょうか」と駆けつけてきました。津波が到達してしまって、ヘルパーさんが入れなくなったというのです。

その仲間は、結果的に津波に流されてしまいました。その人は、午前中は私たちといっしょに自立生活センターで活動をしていました。それで午後二時ぐらいに自宅に帰り、次のヘルパーさんが四時に来るのを待っていました。その間に地震と津波が来て流されてしまったのです。津波が来たことの連絡が来ても、助けてくれる人がだれもいなかったのです。

小学校で被災体験を語る小野さん（八王子にて）

あとで家族の人に聞いた話ですが、家族の人たちは仕事に出ていましたが、あわてて戻って来たそうです。けれども、すでに津波が襲って来ていました。障害のある人は、津波が到達する寸前に、「もうあきらめましょう」と言って、津波に流されてしまったということです。

私たちは、こういうつらい経験をしました。

その人のお宅に入る予定だったヘルパーさんは今でも、助けられなかったことをとても悔やんでいます。けれども、ヘルパーさんが仮にその人のお宅に入れたとしても、はたして助けられたかどうかはわかりません。それだけ恐ろしい津波だったわけです。

避難所に行けない

自立生活センターには、アパートなどでひとりで生活している人が何人もおられます。エレベーターを使って自分の家に行きます。けれども、そのエレベーターが止まってしまいました。ですから自分の家に帰ることができません。それで自立生活センターに泊まることになりました。ヘルパーさんたちといっしょに一週間ぐらいセンターに滞在しました。

また、障害のある人たちは、「近くの避難所に避難してください」と言われても、避難することができませんでした。体育館や小学校には階段があって行けないのです。ですから、自立生活センターで寝泊まりすることになりました。

いわき市で生活ができない

次にどういうことが起きたかというと、食べる物がなくなってしまいました。近くのコンビニからも食料がなくなっていきました。それから病院に通うことができなくなりました。障害のある人たちの中には、定期的に通院して診察を受けなければならない人や、薬の必要な人がたくさんいます。そしてガソリンがなくなってしまって、自動車で移動することができませんでした。福島県のいわき市というところは、皆さん自動車で移動しています。

そのため、ここでは生活できないと、東京の戸山サンライズというところに避難しました。本当だったら近くの避難所に避難しなければならなかったのですが、この時は東京都の自立生活センターの人たちに協力してもらって、ヘルパーさんをたくさん派遣してもらい、一か月間避難生活を送りました。

また、福島県では原子力発電所の事故が起きました。この事故によって、住んでいた人たちがいわき市から離れていきました。町には人がいなくなりました。昼間なのにお店も開いていないし、車も人も通っていません。それは事故が起きた時に、いわき市が最も危険だと言われていたからです。でも、皆さんご存じのように、実際には放射線量が高いのは別の地域であったことが後でわかりましたが、爆発当初はいわき市がいちばん危険だとされたのです。それで、いわき市の多くの人たちが県外に避難しました。あっという間にいなくなってしまいました。

障害のある人たちは、ヘルパーさんがいなければ、ひとりで生活することができません。ヘルパーさんたちも、事故を受けて避難したいと言ってきました。中には涙を流しながら、「家族といっしょに避難したいので、申しわけありませんが、介助ができないのです」と私たちに話しかけました。私たちはどこへ行くのもヘルパーさんの手が必要です。震災で助けてもらいたいヘルパーさんも避難し、非常に生活しにくくなりました。

障害のある人の中には、「お父さんやお母さんは県外に避難してください。自分はいわき市に残ります」と言う人もいました。その人の家に行ってみると、ベッドにひとりで横になっていて、まわりにおむすびが何個も並べられていました。自分もいっしょに避難すると迷惑をかけてしまうので、家族を先に避難させたのでした。

放射能は目に見えませんし、色もついていないし、臭いもありません。ですから毎日の暮らしは普通に見えます。それで原発事故によって、食べ物がない・ガソリンがない・お医者さんにも行けない・薬も飲めないことよりも、いわき市から東京に行って、知らないヘルパーさんや今までとは異なるベッドや部屋で生活することのほうをずっと心配する人が多くいました。障害者たちは、震災におけるリスクよりも、違う土地で生活することのほうが心配事が大きいと判断したのです。私はこれにはびっくりしました。意外なことでした。

戸山サンライズに来た人は全部で三十四名でした。そのうち障害のある人は八名です。それ以外はヘルパーさんやその家族です。一か月ぐらい戸山サンライズに避難して、四月にいわき市に全員帰って来ました。

避難所めぐりで

私たちはいわき市に戻った後、避難所や仮設住宅を回りました。「障害がある人はいませんか。何か手伝えることはありませんか」と。けれども不思議なことに、障害のある人たちはなかなか見つかりませんでした。そのときも自宅や入所施設に入っている人が多かったのかもしれません。

あるとき、障害のある人のご家族に会いました。そのご家族は原子力発電所から距離にして五キログらいの地域に住んでいました。事故のため、そこから離れることになりましたが、避難所や仮設住宅に入ることができません。それで親戚や知り合い等いろんなところを転々として生活していました。ある日、学校や避難所の救援物資のおにぎりをもらおうとしました。すると、「救援物資は避難所か仮設住宅にいる人にしかあげることができません」と断られたのだそうです。そのことを泣きながら私たちに訴えてこられました。

このような経験をした人たちは、警察に怒られようが、福島県の人に怒られようが、自分の家に帰りたいのです。そのご家族は頭を下げながら、ようやく借りた一軒家に住んでいましたが、あと一か月で出て行かなければならず、そんなときに私たちのところへ相談しに来られました。障害のある人たちはなかなか住みやすい家を借りられず、避難所にも行けず、いろんな人たちにお願いをしながら生活しているのです。

伝えたいこと

最後に皆さんにお伝えしたいことがあります。

震災直後のいわき市（撮影・いわき自立生活センター）

震災があったときに、国や行政の人たちはいろいろ助ける準備をしてくれます。けれども、震災はいつ起こるかわかりません。あっという間に大きな被害が起こります。津波の水もあっという間に来ます。一番大事なのは、隣近所の人たちで助け合うことです。

もし皆さんが地域で生活しているなかで、障害のある方や不便を感じている人がいたら、そういう人たちと日ごろからたくさんの関わりをもってください。地域の人たちが、自分の住んでいる所にはこういった障害者がいる、ご高齢の方がいる、不便を感じている人がいるということを常日ごろ知っておくことが大切です。そして、日ごろから障害のある人たちと何かしらの方法で関わることを、もっともっと増やしてください。

避難先を求めて

福島県　田村市　鈴木絹江《すずききぬえ》（肢体不自由）

二〇一一年七月、全国自立生活センター協議会の総会で講演されたものです。鈴木さんは田村市の「福祉のまちづくりの会」に所属していますが、現在京都に移住し、田村市を行き来しておられます。

三月十一日に何が起きたか

三月十一日十四時四十六分、私は自分の家にいました。体力の関係で、一日のうち起きている時間が少なくなっているので、横になっていました。私は、地震の時は逃げないと決めています。私の足で逃げ切れるものではないと思っているからです。地震は、ゴッゴッゴッゴーって遠くから地鳴りがして、すごい縦ゆれがきました。

大地震の合間に、ヘルパーたちはすぐに利用者の安否確認の電話をいれ、電話だけではなく状況確認にも行きました。私たちの運営している生活介護事業所「みらくる」がやっていた時間なので、そこにちょうどみんながいたのです。午後三時ちょっと前だったので、さあ帰ろうかというところでしたが、だれも怪我はなくてすみました。

事業所や利用者の自宅など、家の瓦が落ちたとか、皿が割れたとか、ひびが入ったとかくらいで、そんなに大きな被害ではありませんでした。まず、水道が止まりませんでした。電気も消えませんでした。私たちの所はライフラインがつながっていました。しかし、地震が続いていたので、障害をもつ単身生活者は「みらくる」に避難してきました。

原発爆発の衝撃

次の日の十二日に原発が爆発したことが、私たちにとってすごく大きな衝撃でした。うちは妊婦のヘルパーが三人いました。女性の職場ですから、子持ちもたくさんいます。私は、妊婦のヘルパーに「とにかくあなたたちはまず逃げなさい。事業所のことはいいから避難しなさい」と言いました。

原発については、二十数年前にチェルノブイリ原発の爆発の話を知っていましたし、私はあまり熱心ではありませんでしたが、反原発の集会にも参加していました。覚えていることは、「原発が爆発したら、まず八十キロは逃げなさい」と「死の灰は十万年もお守りしなければならない」ということでした。とにかく避難しなくては、ここにいたのではまずいということを思い出しました。しかし、ほかの人はそのことを知りません。

原発が爆発しても、自分の目の前の景色は何にも変わっていないのです。なぜなら、電気はきていますし、水道は出ていますし、液状化現象にもなっていないからです。事業所のみんなに原発が爆発する、放射能が出るとはどういうことなのかを知らせるために、ヘルパーの中に反原発運動をやっていた方がいたので、即、彼に来てもらってお話をしてもらいました。それで、危機感をもって原発爆発を受け止め、即避難してもらいました。その時に事業所を去る人を決して恨まないと私は心に決めました。

原発の近くに住む人間はその時、人として大変な選択をしなくてはならないと思いました。これは事業所としてとか障害者の介助をやっているからとかでは、押しとどめておくことができないぐらいの究極の決断だと思います。

避難を優先させるということは、事業所をやる人間としては失格だったのかもしれません。ヘルパーたちが少なくなったら、事業所は介助に人が回りませんでした。その日からどうしたのかというと、家族のいる方は家族にお願いしました。事業所の状況は、「ガソリンがなくなったので、ヘルパーが介助に行けません」とか、中には「一時間かけて歩いて行きます」と言ってくれた方もいますが、遠い所の介助に行けない状況になりました。「子どもが小さいので避難させてください」と言う人もいます。避難する人も「申しわけない」と涙ながらに行きました。避難する人たちも苦しい選択の中で避難していったはずです。

でも、私は「避難していいよ」と言ったことは、人として正解だったと思っています。それでも彼らは、動けない人や仲間を置いてきたという苦悩にさいなまれてもいるのです。

私たちの事業所は、避難する人にも、地域にとどまる人にも支援をするという相反する究極の決断をしました。

あわただしい避難。避難先はホテルや旅館

私たちが避難するのか思案していたときに、次々と原発が爆発していきました。これではもう利用者のところにヘルパーも行けません。そこで障害をもつ単身生活の人たちは事業所として、いっしょに行けるヘルパーと私たちで福島県の昭和村に避難しました。

昭和村は、原発から一〇〇キロ以上離れていて、その時は雪が道路わきに二メートルもありました。会津を越えたら空気が違うなという感じがしました。昭和村では福祉的なサービスの支援を受けようと思ったのですが、「そんな重度の人が来たら、村は困ってしまうから、もっと町のところへ行ってください」みたいなことを行政側に言われました。まあこれでは無理だなと思って、次は新潟に行きました。

新潟県は中越沖地震のことがあったため、「今度何かあった時は助けよう」という気持ちをもっていたので、いろいろな情報をくれました。どこの旅館に泊まっても一律素泊まり四〇〇〇円でした。そこで、一番大きなホテルだとバリアフリールームがあると思い、新潟県新発田市の月岡温泉に避難しました。そこにはバリアフリールームがあり、和室洋室あり、お風呂にもシャワーチェアがあり、段差がなく、一般のトイレもユニバーサルデザインになっていました。

一般の避難所は体育館や公民館とかが用意されていますが、うちのメンバーは重度の人たちが多い

ので、最初から避難所は選びませんでした。ホテルや旅館を目指していきました。新潟はホテルや旅館を避難先として提供してくれていました。

なぜ避難所ではなくホテルや旅館なのかというと、一つには障害をもつ人たちの中には、体温調節が非常に難しい人もいるので、一定の温度管理が必要だからです。

二つめに食事の提供があるからです。これを食べなければならない人と、これを食べてはならない人とがいるのです。みんなが大変な時に、障害者だけ味噌汁つきかよ、と怒られかもしれませんが、避難食のおにぎりだけの生活をしていると、そのうち水分を取らなくなり、あっという間に動けなくなり、熱を出し、亡くなるという最悪のパターンになります。

三つめは、ある程度動ける広さも必要だからです。体育館の避難所は足の踏み場もないような状況です。障害者はトイレに行ったり着替えをしたり、いろいろな動作をするのに他の人より大きく幅が必要なのです。自分が動けないとなるとトイレに行くのは大変だから、水分を摂らず食事も少なくする、するとたちまち体調を悪くするのです。

この三つを兼ね備えているのはホテルや旅館だと判断し、そこに避難しました。金銭的な面ではゆめ風基金を受け、安心してやっと地震のない生活を送り、地震に脅かされることなく眠れる毎日となりました。大事なことは、障害をもつ人や病人などは、初期移動が命取りになると思いますので、そこを考えておくことです。

そういうなかで避難していましたが、新潟の自立生活センターの人たちは、「原発が爆発したら、もう福島には戻れないだろう。こっちで暮らしたらいいんじゃないの」とか、いろいろな支援の手を差し伸べてくださいました。けれども私たちは、一時避難はしても移住するとかを考えずに、ただただ追い立てられるようにその場を離れただけで、自分の地域以外のところに住む覚悟をして避難したわけではありませんでした。ですから、一生懸命支援してくれる人たちのことばが大きなプレッシャーでした。頭では原発爆発が何を意味するのか知っていても、心が簡単に移住を決められないでいました。相手が善意なだけに、決められないことを決めるということは、こんなに大きなストレスなんだと感じました。

まるで戦争が始まったよう

私たちは四月一日から事業を再開しました。家に戻って来た時には、郡山の町も田村の町も車が通っていませんでした。まるで映画のワンシーンのような、死んだような町でした。鳥も雀もいない。車があったと思うと、それはガソリンスタンド前に長蛇の列。町の中を歩く人もいない。毎日自分の部屋の中から見えるのは、何台も何台も通る迷彩色の自衛隊のジープと、岡山県警、滋賀県警、福岡県警のパトカーです。

まるで戦争が始まったようだと思いました。そして発表されているのは、「ただちに人体に影響はない」「原発は大丈夫だ。安全だ」と「チェルノブイリの十分の一しか放射能は出ていないから」という、まさに大本営発表です。情報操作されていましたし、自衛隊の車だけが町の中をおおっぴらに走っているのを見て、こうやって戦争が始まっていくのだと、私はそのとき思いました。今でもフクシマでは原発という核戦争が終わっていないと思っています。

　私たちは原発の爆発がなかったことにしてこれからも生きていくのか、それともすべてを知って放射能の汚染の中で生きていくのか。窓を閉め切った部屋の中で、洗濯物を外にも干せないで、家の中でもマスクをかけて、できる限り水道の水を飲まないようにして、ここでいいのか、ここを離れるのかと、朦朧とする頭の中で同じところをグルグル、グルグル悩みながら今、生活しています。

　一分一秒でも早く福島から離れたいと思うとともに、今後どこで、どのように生きていくのか、今まで何を大切にし、これからも何を大切にして生きていくのか、そんなことが問われているような気がしています。

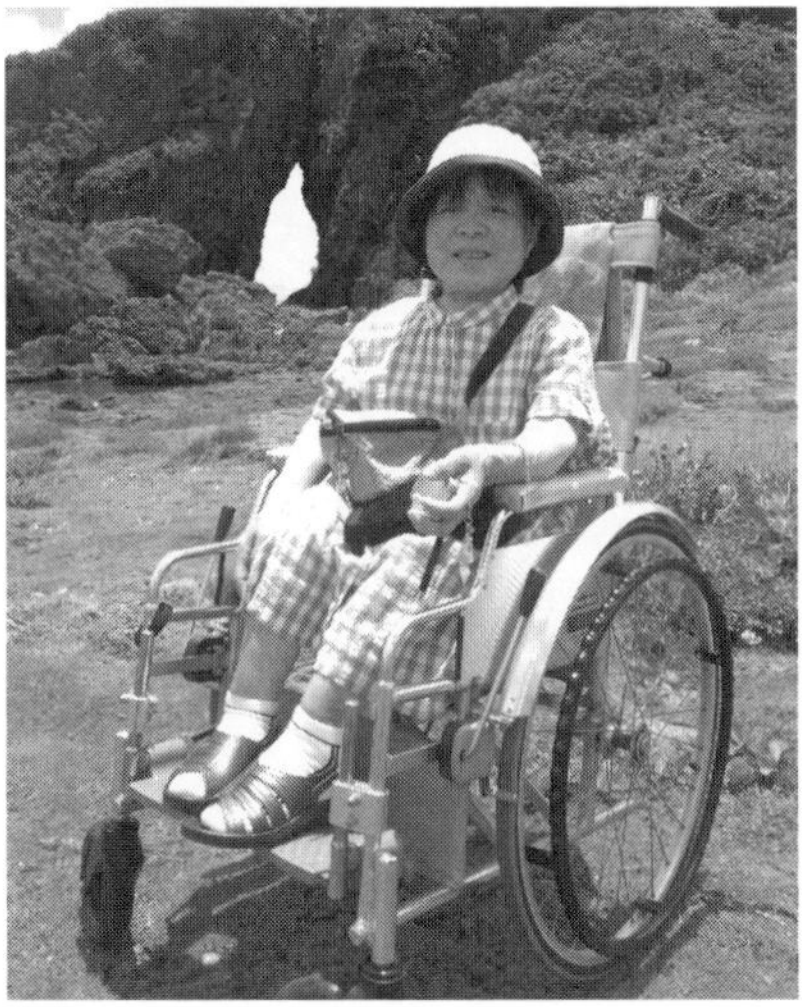

鈴木絹江さん

障害者がふつうに暮らせる仮設住宅づくり

阪神淡路大震災の後も数多くの災害がありましたが、いまだに障害者市民が普段どおりに安心して暮らせる仮設住宅はありません。

障害者用ということではなく、すべての仮設住宅をバリアフリー規格にしたいものです。

また東日本大震災では、民間アパートなどを活用する「みなし仮設住宅」が積極的に活用されましたが、家賃や改修基準が震災後に示されたために十分知られていない面がありました。

みなし仮設住宅は、「ゆめ風基金」が以前から提案していたことでもあり、積極的に活用するためにも利用しやすい基準整備が必要です。

II

なにが求められるのか

――被災障害者への支援

入所施設の集団避難

岩手県　山田町　芳賀幸一《はがこういち》（はまなす学園元施設長）

岩手県山田町の社会福祉法人親和会理事長山﨑幸男さんが運営していた元「障がい者支援施設はまなす学園」は、東日本大震災の津波で全壊し、利用者が避難生活を送りました。本稿は、当時はまなす学園の施設長だった芳賀幸一さんから二〇一三年一月に、仮設施設でうかがったお話をまとめたものです。

とっさの判断と迅速な避難誘導

施設は船越半島を上がったところにあり、男子棟、女子棟、管理棟がクの字に並んでいました。大地震により石膏ボードの天井と壁が崩れ、いち早く避難を決意しました。当時、外出者はなく、午後三時からケア会議の予定で、職員が勢揃いしていたのが幸いしました。

大きな地震が一〇分ほど続くなか、職員はまずは利用者を落ち着かせようと必死でした。そんななか、「玄関広場に避難させろ！」と施設長が放送。思わず命令調になりました。その直後に停電。同時に自動火災報知器が作動し、非常ベルが鳴りました。訓練では「ベルを鳴らしてください」と呼びかけてから鳴らす段取りだったのが、自動火災報知器が先に入ってしまい、利用者はパニックになりました。

職員が利用者を屋外に避難させました。築三〇年近い施設の中では、吊り天井の石膏ボードが砕けて白い煙が立ちこめていました。非常灯の大きいカバーも飛び散りました。揺れが続くなか、利用者はすくんで動けません。消火器は倒れ、長い地震が続きました。

施設長はとっさに重油式のボイラーのバルブを締め、厨房のガスの元栓を止めました。

訓練では、地震の際、徒歩で裏山に逃げることになっていました。隣の老人保健施設の裏を通り、B&G海洋センターの体育館に避難する計画です。

徒歩がいいかどうかを考えて、とっさに車での避難を決意しました。マイクロバスとハイエースを出すよう職員に指示。自力で動ける軽度の利用者に乗車してもらったものの、混乱した利用者が走り回るなか、多くは抱きかかえて乗せました。

発災時は入浴の最中で、重度の人は入浴が終わって部屋着

津波被害を受けたはまなす学園

でくつろいでいました。取りに戻るつもりで、ジャンパーも着ずに、みな部屋着のまま避難しました。入浴中の利用者はバスタオルを巻いたまま逃げました。

第一便をマイクロバスでB&Gに上げ、残りをハイエースで搬送。定員オーバーでも詰め込みました。B&Gまでの上り坂を車で一～二分。余震が続くなか、午後三時過ぎには全員避難を終えました。

マニュアルどおりだったなら、テラスの吊り天井が落ちてきたり、徒歩で二〇分もかかるなか津波に巻き込まれる可能性がありました。

避難の際、現金や登記簿謄本は頭にありません。利用者優先、ただ利用者の薬だけは最優先に考えました。応援部隊が入った時のことも考えました。てんかん発作の薬や向精神薬などは袋に入ったままで持ち出しました。利用者の保険証や療育手帳は、一人ずつあらかじめセットされていたものを持って出ました。

余震が続くなか、倉庫に保管してあった非常食と水を男性職員三人で車に積み込みました。普段使わない防災備蓄品は倉庫の奥にあって出すのに手間取り、三～四日分しか出せませんでした。揺れているなか、手探りで探すのは困難で、備蓄品は取りやすい手前に置くべきと悔やみました。

オートキャンプ場（二次避難）

B&Gのグランドまで逃げたものの、津波はぎりぎりまで迫りました。危険と判断して、さらに上の家族旅行村というオートキャンプ場まで逃げました。歩ける人は徒歩で上がりました。普段は景色のよい散歩コースでした。あたりは真っ暗になり、全員薄着だったので寒く、濡れている人もあって大変でした。

　家族旅行村では六〜七人用のケビンハウス三棟を間借りすることにしました。最初は窓を割って入りました。上にいた管理人があとから駆けつけ、残りの棟の鍵を開けてくれました。

　ケビンハウスには、八人分の布団とガスコンロがありました。職員を含め五十〜六十人が寝ることになり、一つの布団に二〜三人が寝ました。反射式ストーブを使いながら一晩を明かしました。

　高台だったので、山田湾を挟んで対岸の炎と爆発が見えました。自動車とガスボンベも延焼して爆発していました。職員は「あそこが自宅だ、だめだ」ともらしていました。利用者には津波を見せませんでしたが、山田町の街が赤く燃えるのが利用者の目にも映りました。

　道路は瓦礫で埋まり、半島から戻れません。

　ラジオはない、携帯もつながらない。携帯はバッテリーをもたせるため、職員に指示をして一部の人のみ電源を入れさせました。

　助け出したはいいが、これからどうするか見当がつきません。情報がなく、日本中がそうだと思ったくらい、孤立していました。見通しが立たないなか、そのまま流されたほうがよかったかなと、正直なところ悲観的になりました。

　三月十二日の朝、自衛隊のヘリが飛んで来たので、シーツを振って生存者がいることをアピールしました。三月十三日午後になって、道路の瓦礫撤去が終わり、本土のほうに行けばどうにかなるかなという見通しに変わりました。

大きい車は通れないので、小さい四輪駆動車で電柱や泥をよけながら走り、避難先を探しました。山田町の公民館はすべて先に避難した方々で満員で、五十〜六十人もの集団では入れませんでした。

陸中海岸青少年の家（三次避難）

山の中にある県立陸中海岸青少年の家を訪ねたところ、幸い避難者が少なく、受け入れOKということになりました。ただし、電気も水道もトイレもないよと言われました。利用者と非常食、ケビンハウスの布団とストーブも拝借して、青少年の家との間を二往復して搬送しました。

道路の瓦礫は建設業者が撤去してくれましたが、釘もガラスもありました。家が道路の半分まで倒れてきているなかを、マイクロバスの車体を傷つけながら、バキバキいく感じで、決死の覚悟で通って行きました。泥にはまれば脱出できないので、ローギアのまま青少年の家に向かいました。二九人乗りのバスに三十数名と荷物を乗せ、無事到着しました。移送は暗くなるまで続きました。

青少年の家では、最初体育館で一般の人といっしょに過ごしました。とにかく寒かった。重度・中度の利用者は不安とストレスを高め、職員の疲労もピークに達していました。利用者は混乱し、徘徊、尿失禁、便失禁が頻発。ガラスを割って無断外出しようとすることもありました。

青少年の家の所長に、知的障害の人と健常者がいっしょでは困難なことを話し、二階の会議室を借りることができました。ただ三〇畳ほどのワンフロアに五〇人が寿司詰め状態で、足を伸ばす余裕すらない状況でした。そこで一か月間過ごしました。

自衛隊が来るまでは、持ち出した水と乾パンと薬でしのぎました。一般の避難所はもっと早かったようですが、自衛隊が来るまで三日間かかりました。三日分の備蓄は重要と実感。自衛隊の炊き出しが始まっても、当初は一日おにぎり一個でした。利用者は運び出したわずかな非常食を分け合い、飢えをしのぎました。

水洗式トイレは断水のため、下の池からバケツで汲んできて、その都度流して使いました。浄化槽がいっぱいになったら終わりでした。

フロア材の下がコンクリートだったので、敷いた布団が一晩で湿りました。昼間、いすやテーブルの上で乾かしながら使いました。

ガソリン不足が深刻でした。自動車のガソリンが半分以下だったのが悔やまれました。公用車も自家用車も半分以下になったら給油すべきです。今はそのように徹底しています。

職員の通勤車両はすべて流されました。このため、非番の職員が駆けつけても、職員が帰る足（車）がありませんでした。通信手段もなく、衛星電話が通じるのも地域で最も遅かったのです。

外部からの支援

自衛隊が来てから、食料は徐々に入ってきました。

県の障害福祉課や山田町職員が訪ねて来て、何が必要かを聞かれました。保護者の安否が確認できなかったので、まずは保護者との連絡を県職員にお願いしました。

岩手県、岩手県社会福祉協議会、岩手県知的障がい者福祉協会(障がい協)のはからいで、県内の施設から物資と人材が徐々に届くようになってきました。自衛隊には一人一個の制限がありましたが、障がい協には特に制限がなく、何が欲しいかを聞かれて、懐中電灯、カップ麺、水、衣料品、トイレットペーパー、日用品など、必要なものをその都度届けてもらいました。着るものがなかったため、中古衣料でもいいので、まずジャンパーをお願いしました。届いた物資は一般の避難者にも提供しました。

非番の職員が出て来られるようになっても、マンパワーはさらに必要でした。一人来たから一人帰れるわけではありません。当初の職員は二週間帰ることができず、食べ物も不足し、風呂にも入れない生活が続きました。

職員もノロウィルスとインフルエンザにかかりましたが、代わりの要員がいないため、支援を続けざるを得ません。日本赤十字社の医師、看護師が薬やパーティションを届けてくれて隔離しても、限界がありました。

一か月ごとの通院が必要な利用者がいました。移動手段がないので、県に依頼し、薬を届けてもらいました。利用者のかかりつけ医療機関(宮古市)に問い合わせ、流されなかったカルテをもとに向精神薬やてんかんの薬等を処方してもらいました。

そのうち、県内の内陸部と全国からの職員が三〜四日交替で派遣されて来ました。当直にも入ってもらえるようになり、職員が休めるようになってきました。「見ていますから、休んでください」「トイレの時は起こしますから」との申し出を受け、五分でも一〇分でも休めるのは助かりました。

職員移送については、障がい協が手伝ってくれたり、流されなかった自家用車で駆けつけてくれたりしました。災害看護機構も飛行機やレンタカーで来てくれました。自治体や医療機関の関係もゼッケンをつけて随時入ってくれました。

施設長の姪が盛岡に住んでいて、はまなす学園の利用者が全員無事で青少年の家にいることをラジオに投稿し、告知してくれました。保護者とは連絡がとれない状況が続いていました。保護者たちははまなす学園が流されたことを知り、遺体安置所を回っていたそうです。

旧ホテル陸中海岸（四次避難）

青少年の家には一か月しかいられませんでした。山田町立船越小学校が被災して、青少年の家を使って授業を再開することになったからです。教育委員会から内陸の施設に移動してくれないかという要請がありました。

旧ホテル陸中海岸の建物に避難することになりました。四

避難先の旧ホテル陸中海岸

月十一日から七月十五日まで三か月余りを過ごしました。電気もトイレもない。湿ってはいたものの、布団だけはありました。大きい発電機を借りることができて、午後五時から八時までは灯りがつくようになりました。反射式ストーブも提供していただき、使えるようになりました。

自衛隊からおにぎりを提供してもらったものの、依然足りないので、利用者優先となり、職員は残ったものを食べました。お腹がすいても食べるものがありません。雪を食べる職員もいました。実際には寒くて、雪も食べられません。喉も渇きました。

髪が臭い、口が臭い、服が臭かったのですが、麻痺してわからなくなってきました。利用者の尿失禁、便失禁も気にならなくなってきました。

自衛隊が仮設風呂を作ってくれたので、週一回ペースで出かけました。一般の人といっしょなので、入浴介助は大変でした。ノーマライゼーションも大切だけど、避難時は障害者と高齢者は分けて手をかけてあげないとうまくいかない、と感じました。

旧ホテル陸中海岸には、法人母体（社会福祉法人親和会）が小規模多機能施設を新築中で、竣工直前でした。利用者募集もしていない段階でした。そこを引き渡してもらい、お風呂が使えるようになりました。

親和会では震災により、①はまなす学園、②ケアホーム希望、③わかき保育園、④高齢者小規模多機能施設やすらぎ、がすべて流失しました。幸い人的被害はありませんでした。③と④の通所・ショートの利用者は家に帰せましたが、①②ともに家に帰すわけにいきません。自宅に帰れる人は率先して帰し、他の施設に移りたい人については、その意向を尊重しました。

旧ホテル陸中海岸への避難中、北海道知的障がい福祉協会の申し出により職員を派遣してもらいました。週に六人ずつ交替で、二か月にわたって派遣を受けました。看護師一名と支援員五名が、次の部隊との引き継ぎをしたうえで乗って来た車で帰って行きました。交通が遮断されていて、北海道から来るのに飛行機で成田を経由して花巻に入ったり、三沢を経由してレンタカーで入ってくれました。青森県からも一か月にわたって派遣を受けました。青森は岩手を、秋田は宮城を、山形が福島を支援する態勢が敷かれました。派遣元のほうで一日ずつ重なるように派遣してもらい、引き継ぎも自立的にやってくれたのは助かりました。

特養老人ホームや介護老人保健施設などの高齢者施設よりも障害者施設のほうが早く動き出した印象があります。物資も人的支援も比較的早く来ました。

職員を出すほうとしては、地震、津波、被曝、感染症に関する心配があったようです。助けに来てくれたときは、街中に海と泥の臭いが漂う中でした。食べ物も、お湯で戻すアルファ米とカップ麺と缶詰しかなく、栄養の偏りがありました。一週間のうち一日だけ、温泉施設で休んでもらいました。

派遣職員には、旧ホテル陸中海岸の空き部屋を宿として使ってもらいました。中には「きょうは泊まりますよ」「少しでも休んでください」と言って、利用者といっしょに寝てくれる方もいました。

職員派遣の応援を受けるようになってから、ようやくシフトが組めるようになってきました。とはいえ、眠るどころではなく、帰宅どころでもなく、きょうは何日かわからないような緊急態勢が続いていました。

仮設施設での再開

七月十五日、はまなす学園は岩手県内で最も早くプレハブ仮設を建設し、再開を果たしました。法人経営者からの要請と山田町の取り計らいがありました。土地は身内の土地で、理解がありました。高齢者型の一棟十人規模のプレハブ仮設が二棟。そこに男子十九名、女子十四名が入居しています。一人部屋に二人が布団を敷くので、足も伸ばせません。男子は特に窮屈で、十名分の食堂に二十名入っています。決して快適ではありません。

女子は一シーズン目、二〇一二年三月に十四人中十二名がインフルエンザにかかりました。隔離しようがありません。職員が感染して休みたくても、代わりに支援する人がいません。同性介助のためには、インフルエンザにかかっても「熱が下がれば出てきてよい」と保健所の許可のもとで、どうにか乗り越えました。二～三月がピークです。近くの小学校が学級閉鎖、山田の保育園が閉鎖……と、どんどん蔓延して、外出を控えさせました。

毎日インフルエンザの通院者が多いのです。震災前より状態が落ちました。障害程度区分4の人が5に、5の人が6に落ちた人も数名います。言い方が悪いのですが、手のかかる利用者が増えました。ストレスが増えたり、身体が動かせなかったりすることが原因と考えられます。男子は壁を破ったり、ガラスを割ったりして無断外出を図ろうとするのが増えました。

仮設施設の仕様について厚労省が来て、ヒアリングを受けました。決まりきった仮設は早くできるために仕方がありませんでした。ユニットバスが使いにくく、介助には向いていません。居室に洗面はなくてよいから、収納スペースがほしい。さまざまな要望を出しました。

後付け改修は通路（棟間の渡り廊下）のみ認められました。一九名も入る風呂なのに、追い炊き機能がない。通路の風よけがほしい。ほかにもいろいろ県に要望しましたが、認められませんでした。洗濯物が屋外に干せないので、居間を占有してしまっています。仮設施設の厨房は十人規模で狭い。屋外の舗装が狭すぎて、車いすでの散歩もできません。困りごとを上げるときりがありません。

今後の災害対策

非常食と水の防災用備蓄、暖房と発電機、照明と反射式ストーブの整備は必要です。発災前は「非常食くらいで十分」と考えていました。災害用毛布、衣類も必要とわかりました。

防災計画はまだ打ち出せていません。新施設に入ってからでないと、避難場所も特定できないからです。二〇一二年十二月七日の地震と津波注意報では、職員は午後九時まで待機しました。揺れもひどくて、倒れる心配がありました。その時から、電源が落ちた時のために、反射式ストーブ四つと灯油の買いおき、懐中電灯を慌てて用意しました。

ガソリンは満タンにしておき、車は出やすいように前向きに置くようにしました。避難を徒歩によるか、車によるかは場合によります。車は渋滞もあり得るし、津波で車ごと流されるかもしれません。

はまなす学園の場合はタイミングが良かったのです。一〇〇メートル先の家族旅行村に逃げるのも、五～一〇分後だったら渋滞にかかっていたと思います。震災の二日前に納車されたばかりの七人乗りの車は、冬タイヤが乗ったままになっていて、一度も乗らずに流されました。

東南海地震の心配がある海辺の施設から、避難の相談を受けますが、決して車移動がいいとは限りません。避難マニュアルを作る場合、移動手段は一つだけでなく、車の場合、徒歩の場合を分けて考えておくべきです。火災をともなう場合も含めて、その場の判断を働かせなければいけません。

徒歩の場合はどういう人を優先するか。歩ける利用者は五人に一人つくと決めたとしても、手をつないだり、抱きかかえる必要のある人もあり、現場で判断しないとダメ。大型運転手がいない場合はどうするか、職員が手薄な場合はどうするか。判断が結果を分けると思います。

職員の参集と動き方については、非番の人が警報の出た時に来られるのか、場合分けしてシミュレーションする必要があります。そのとおりいかなくても、選択肢は用意しておいて、最善を選ぶことになります。法人では夜間震度四は参集することになっていますが、津波警報の道路にぶつかったらが必要です。携帯がつながらず、通信手段が断絶し、上司の指示が仰げない状況も想定すべきです。自己判断の訓練が必要です。隣の施設の事務長も最後まで残っていました。自分も最後まで残って、居室を見て歩いてから避難しました。

施設の場合、集団避難先は考えておくべきです。しかし街の中に瓦礫があったり、火事もあったりして想定どおりにはいきません。自分たちはとりあえず船越地区の避難所というくらいの想定でした。

理事長が合流したのは二日後でした。理事長が来てからは、理事長の判断に委ねました。それまでは、職員の考えも出していただき、施設長の判断で避難を決めました。

新施設での再建へ

法人では、避難先となった旧ホテル陸中海岸一帯を整備し、震災前から小規模特養や高齢者住宅などの複合福祉施設「福祉の里」構想を進めていました。土を入れてかさ上げして建築する予定でしたが、町役場の計画が進まないため、別の地区での整備を決めました。一人一部屋の四三～四四部屋の居室。食堂、作業室。十二月竣工の予定。二〇一三年度中に引っ越したいと考えています。

災害時、あなたのまわりに知的障害のある方がいたら

＊言語・記憶・抽象的思考等が苦手だったり、社会の仕組みや流れに上手に適応しにくい人たちがいることを理解する。

＊自閉傾向の人は、他者との関係について苦手だったり、特定のものに強い関心を示したりすることがある。

介助する場合

＊話しかけて伝わりにくい場合は、ゆっくり話したり、身振り手振りや絵を書く、実物を見せる等すれば理解しやすい。

★集団生活に適応しにくい人々のために、二次的避難所を設ける必要がある。

孤立する患者さんに電話相談で情報を

宮城県 仙台市 萩原《はぎわら》せつ子《こ》（日本てんかん協会宮城県支部代表）

二〇一三年十二月に仙台市にて開催された市民防災シンポジウムでの講演を記録したものです。萩原さんはてんかん患者の親御さんです。

SOSの叫びが聞こえる

てんかんは、百人に一人がかかる病気といわれているほど、多くの患者さんがいます。「てんかん」は、治療をすることによって、七割から八割の人が発作をなくしたり減らしたりできる普通の病気です。しかし原因がわからない場合も多く、発作が突然起こることなどから誤解され、長いあいだ差別と偏見に苦しめられてきました。てんかん協会は、てんかんのある人とその家族を中心とした患者団体で、「てんかんのある方たちの悩みや苦しみを少なくしたい」という思いで活動しています。

三・一一の震災後から、私たちは「てんかんの電話相談」を続けています。震災でたくさんの方が服用している薬を失い、病院も被災してしまいました。病院へ行く手段をなくした方もいました。てんかんの治療には、薬を毎日きちんと飲み続けることはとても重要なことです。薬の服用を中断すると、症状が悪化してしまう場合が多いのです。でも、あの当時相談できる所も情報もありませんでした。

他の病気の方々もそうだったと思いますが、てんかんのある方々も大きな不安の中にいました。会員さん方の安否確認をするなかで、会員さん以外のてんかんの方たちはどうしているのかと思いました。その方たちの不安やＳＯＳの叫びが聞こえてくるようでした。たくさんの方々の孤立している様子が見えるようでした。何とかして、てんかんのある方々に情報を伝えなければと思いました。

幸い、私のところへはてんかん協会の本部やてんかん学会のドクターたちからいろいろな情報が集まってきていました。災害時に処方箋なしで薬を出してもらう方法、今どこの病院が診療しているのか、てんかんの薬がどこで作られて、いま被災地に向けてどこまで来ているのか、その量などです。

電話相談で情報を伝えよう

私と事務局の方の自宅の電話で、電話相談という形で情報を伝えることにしました。新聞社に電話相談のことをお知らせし、流してほしいとお願いしました。こんな急なお願いを聞いてもらえるのだろうかとドキドキしていましたが、意外な返事が返ってきました。それは、新聞社にもてんかんの方々からＳＯＳの電話がたくさん来ているということでした。「困っている人たちがたくさんいる。すぐお知らせを出しましょう」と言われました。それでは新聞だけでは足りないと思い、テレビ各局にも広報を頼みました。その日からテレビでテロップが流れ始め、すぐに電話がかかってきました。三月二十二日のことです。

初めは、ほとんどが薬と病院のことでした。次に増えていったのが、「避難所で症状が悪化した」「不安とストレスで悪化している」などの症状悪化や、「どこか、発作があっても入れる施設はないのか」「家がなくなってしまった」など全体に関わる相談でした。それから、避難先の近くの病院の情報、病院や施設が遠くなってしまったので通えないなど様々でした。

萩原せつ子さん

そのうち震災に関係のない一般的なてんかん相談も出てきました。相談の方々が一様に言うことがありました。「今まで、どこも相談する所がなかった」です。そして多くの方が病気を隠して生活をしていました。

電話相談を受けながら気づいたことがあります。震災によって新しい課題が出てきたのではなく、課題は前からあり、それが震災で、よりはっきりしてきただけだということです。

てんかんのことを隠している人にも、支援は必要

課題の一つめは、震災時に安心して避難できる所がなかったことです。発作を隠している人は避難

所へ行けません。発作を理解してもらえず、避難所から出なければならない人たちもいました。病気や障害のある人たちが避難できる場所が必要です。

二つめは、情報を得る場所、緊急時の相談場所がなかったことです。病院のこと、薬の入手方法、医療機器の電源などです。他の病気の方々からも相談がありました。

三つめは、抗てんかん薬の備蓄がなかったことでした。緊急時には外科、内科、精神科の順で医療チームが入るそうです。それで、慢性疾患の薬も精神疾患の薬もありませんでした。

四つめは、てんかんが周りの方に理解されていないことです。医療支援で入ったドクターから「萩原さん、避難所を回ったけど、てんかんの人がだれも来なかったよ。困った人いないんじゃない」と言われました。いないのでなく、行けなかったのです。誤解や偏見を恐れ、てんかんを隠している人がSOSも出さず、避難所へも行かなかったのです。「もう一週間以上も薬がない」との電話を受けて、私が「何とかして届けます」と伝えましたが、その方は住所も名前も最後まで言いませんでした。絶対知られたくないというのです。命に関わるかもしれないのに、それでも隠しておきたいのです。それだけ偏見が強いということです。

五つめは、てんかんのことを相談する場所が足りないことです。今でも、ひとりで悩みを抱えている人はたくさんいます。

六つめ、てんかん専門医師や病院が足りないことです。きちんとした医療が受けられないまま、あきらめている人が多いのです。相談された方の中にも、何十年も同じ薬を飲んでいるのに治らないとあきらめている人がいました。専門の病院で検査を受けて、専門の医療を受ければ、治る人がたくさんいるはずなのに、です。

七つめ、発作のある人の居場所が、通所するところも入所するところも足らないことです。今でも相談の中で、十年以上も待機している人もいます。待機するのも断られたという人もいます。居場所がないのです。

八つめ、公的な支援が必要なのに、福祉サービスを受けられずにいる人が多いことです。手帳も取らず、公的な支援につながっていないのです。隠している場合はもちろん、家族だけで抱え込んでいるケースがとても多いのです。

家族がいて住む家があって、何とか家族に支えられてきた人がいました。親が残した家で何とか生活してきた人たちがいました。でも、あの震災で家族も住む家もなくしてしまったとき、途方にくれてしまいました。

九つめ、地域でのネットワークづくりが遅れていたことです。このことは本当に悔やみました。てんかんのことを隠していても、支援は必要です。病気や障害のある人たちとの連携、地域・医療、行政などとの連携が本当に遅れていました。

災害に備えて

それで、いま宮城県支部として、防災に関して力を入れていることが三点あります。

まず、薬や薬の情報管理など自分でできる備えの呼びかけです。薬は分散させておかなければなりません。これは、服用している薬や病院名などを記録して携帯する緊急カードです。このカードはてんかんの方だけでなく、どなたにも使えるものです。薬の名前も難しいので、自分でなかなか覚えきれません。名前だけでなく、何ミリグラムという分量もとても大事です。ちゃんと書いておいて、自分で持つ、家族が持つ、家に置く、学校に置く等、分散して持つように呼びかけています。そしていざというときの支援者を作っておくことです。避難所でも、だれか一人でもてんかんのことをわかってくれる人がいるだけで、そこにいることができるのです。

次に、てんかんを社会で理解してもらうための活動です。いろいろ課題がありますが、突きつめていくと、やっぱり私たちの活動の発信が足りなかったし、てんかんを正しく理解してもらうことが必要だったと思っています。

そして、他の障害者団体等との情報の交換と連携です。いま必死でやっていることです。今日もここでお話しさせていただいて、とてもありがたく思っています。また、同じような災害が起きないことを願っていますが、もう後悔したくありません。そのための取り組みです。

都市部と地方の福祉状況の違い

東日本大震災では、都市部と地方の違いがあり、地方が震災前から抱えている課題が震災により浮き彫りになった面が数多く見られました。

阪神淡路大震災では、被災した多くの地域が神戸や西宮のように大都市であり、人口が多い地域です。福祉制度においては、障害者運動の成果に加えてそれぞれに独自の予算で競い合い、他の地域よりも進んだ制度を作り出す傾向がありました。

一方、今回の被災地域の沿岸部では、年々人口の流出が進み、十分な福祉基盤が整備されていない状況があります。

主な特徴として、東北沿岸部では障害者福祉を担う事業所が大きな社会福祉法人一つというところが多くあります。地域に多様なホームヘルパーやガイドヘルパーなどの利用者、福祉サービス事業所がないことで、さまざまなニーズに対応しにくい面があります。

全体として、知的障害者、精神障害者に関わるサービスのわりには身体障害者へのサービスが不足しているように思いました。

精神障害者・なくてはならないケア

福島県　相馬市　須《す》藤《どう》康《やす》宏《ひろ》（メンタルクリニックなごみ副院長・臨床心理士）

二〇一二年六月、ふくしまフォーラム（いわき市）にて講演されたものを記録したものです。震災前は、小高赤坂病院で総合リハビリテーション部長として勤務し、震災当時、精神障害者の支援にあたられました。

地域の精神医療の崩壊について

私は精神障害者の支援者の立場からお話しいたします。

原発事故によって、東京電力福島第一原発から三〇キロ圏内にあった四つの病院が閉鎖されました。そして、八百四十名の入院患者さんが県内外の病院に搬送されました。搬送の様子は、それはすさまじいものでした。外来患者さんにとって、通院する精神科医療機関がなくなってしまいました。病院だけでなく南相馬市内の三つの

須藤康宏さん

クリニックも一時的に休診しましたから、医療機関が皆無という状態になってしまいました。病院に限らず、精神関係の福祉事業所も同じでした。グループホームも似たような状況になっていました。

原発で避難している当事者やご家族からは、いつ帰れるのかと不安でたまらないというご相談を受けています。仮設住宅もそうですが、避難先は狭く、限られた生活空間であるため、いらいらしてしまいます。また、通常であれば周りの人たちも余裕があって、いろいろと気遣ってくれますが、みんなが被災者なものですから、理解・配慮してもらえないということもあります。避難せずに残られた方はどうかというと、特に発達障害の方は、仮設も含めて集団でいっしょにいることが苦手な場合が多いので、自宅外での生活が難しいということです。変化は疲れてしまう、慣れた環境がいいというのは、障害者だけでなく高齢者からも聞かれることです。

震災後の支援の動き

相馬市では、薬がなくなっている患者さんが多数出てきました。中には本当に状態が悪くて、医大のほうに緊急搬送する方もいました。

県精神保健福祉センターの所長のところに直接連絡をして、窮状を伝えました。翌々日、センターから医師が一名派遣されて、とにかく処方箋を次々書いてもらいました。でも薬は全くといってもよいほど入ってきませんから、たまたま居合わせた県の保健所の薬剤技師さんが手配をし、集めてくれました。それで市内にある薬局を限定して調剤することになったのです。とにかく薬については早急に手配する必要がありました。

南相馬市のほうも大変な状況でした。南相馬市は屋内退避区域ですから、病院や福祉事業所が開けない状況でした。私もそうですが、福祉関係の職員の仕事がなくなってしまいましたから、有志で集まって何かをやろうと声を掛け合いました。そこで、どこの病院は動いているとか、どこの薬局が開いているとかの医療情報を提供する相談ボランティアとして動きました。この相談ボランティアは二〇一一年の四月末日をもって、だいたい他のところが動き始めたので終了になりました。精神科の病院がなくなってしまったので、とにかく何とかしなければいけないと思いました。

精神医療保健福祉の立て直しについて

三月二十九日になって、相馬市の公立相馬病院に臨時の精神科外来が開設されました。もともとこの病院には精神科はなかったのですが、場所だけお借りして、臨時でも外来を開けようということで、福島県立医科大学の医師と県外からの支援の医師がたくさん来てくれました。県外からは二百名以上の医師が来てくれたのですが、その診療体制が二〇一一年末まで続きました。

診療は一日二時間だけ開けるのがやっとでしたが、その二時間に十五名前後の患者さんが毎日訪れていました。患者さんのほとんどが慢性の統合失調症やうつ病などの精神疾患の方でしたが、震災のPTSDや適応障害と診断される方もけっこう多くいらっしゃいました。私たちも懸念していたことですが、だいたい二か月ぐらいしてから、アルコール依存とか虐待の問題が少しずつ出てきました。また、診療もその日によって借りられる場所が違うのです。まさに臨時です。脳外科を借りたり皮膚科だったり、時には眼科だったりすることが続きました。

南相馬市のクリニックが二〇一一年の四月に再開し、二〇〜三〇キロ圏内の雲雀ヶ丘病院が六月下旬に部分再開をしました。でも継続的に続くかどうかわからないのです。というのは、九月三十日をもって緊急時避難準備区域が解除されましたが、避難した医療スタッフが戻って来ないのです。もちろん家庭の事情があるので仕方がないし、責めることもできません。それで、以前のように病院を動かすことができないのです。いまだにできていないのです。医療は生活の根幹だと思うので、それがない状態で地域の再生がありえるのかと、たいへん危惧しています。

「新しい精神科医療福祉サービスシステムを構築する会」の立ち上げ

二〇〇一年五月三日には、今後どうしていくのかということで、県内関係者や全国から駆けつけてくれた支援医師の有志による検討会が開かれました。六月には、もっと大きな規模で手伝ってくれる人を集めようということで「新しい精神科医療福祉サービスシステムを構築する会」を呼びかけ、これにもまた全国から七十名もの方の出席を得ました。そして「相双に新しい精神科医療・保健・福祉システムをつくる会」を立ち上げて、十一月にはＮＰＯ法人を取得し、現在は心のケアセンター等を実際に行っています。

活動するにあたって、まず資金が必要でした。最初に県のほうに掛け合ってみましたが、なかなか動いてくれなかったので、私たちのほうから厚労省ではこういったものを出しているからと逆にもちかけ、補正予算を取ってきてくれるようにはっぱをかけました。それから財団の助成事業に応募して、支援金を出してもらい、リフォーム費を捻出していただきました。

活動拠点ですが、海岸のほうが一切流されてしまい、海岸の方たちが内陸に引っ越してきているので、建物がありません。アパートもないのです。事業所となる物件もありませんでした。そこで貸し物件ではなかったのですが、直接交渉して借りることができました。リフォームも無理やりお願いして三週間でやっていただきました。

マンパワーの確保ですが、この部分は厚労省が一番心配をしてきたところです。「開くのはかまわないのだけれども、スタッフが集まるのですか」と最初に言われました。私からしてみれば、逆に精神科病院や福祉事業所が閉鎖しているので、そのスタッフが雇用できると思ったのです。実際に今現在スタッフが十五名ぐらいいますが、その半分以上が閉鎖になっている地元の事業所の職員です。後はUターンの方もいます。

二〇一二年の一月には、NPO法人が運営する「相馬広

メンタルクリニックなごみ（相馬市）

域こころのケアセンターなごみ」と、個人が開業する「メンタルクリニックなごみ」の二つが開いています。ちなみに、これは自負していることですが、被災三県で新しいクリニックを立ち上げた所は、うちだけです。「メンタルクリニックなごみ」は外来で目いっぱいです。「こころのケアセンターなごみ」のほうは、二〇一二年四月から県の委託事業を受けて、民間立ち上げのケアセンターとして活動を始めました。まだやりたいことはいっぱいあります。

クリニック受診者の内訳

二〇一二年一月に開けて、五か月で四百人の方が来院しました。これはかなりの数だと思ってください。今現在も新患が絶えない状況が続いています。

受診者の特徴ですが、統合失調症の方も多いのですが、気分障害の患者さんが最も多いようです。気分障害、これは昔でいう躁うつ病も入ります。震災によるうつ病の発症も多数見られています。不安性障害に関しては、もともと家庭や職場・学校などであまり適応の良くなかった方が、震災を機に表面化した例が目立ちます。

それと認知症の方がだんだんと増えてきています。徘徊が出てきてしまって、家族で見きれなくなり、受診につながることが多いのです。これは狭い仮設住宅だからととらえられがちですが、仮設に限らず在宅で発症している方も多くいます。たぶんご家族でストレスに耐え切れなくなっているのだと思います。

震災対応から学んだこと

身近なところで役に立ったことをあげてみます。まず一番役に立ったのは、お薬手帳でした。この手帳を持っておられる患者さんには、外科や内科の先生でも、同じ薬が出せます。持っておられない患者さんには、薬の処方ができませんでした。

次に、日頃からネットワークを整備しておくことがたいへん大事なことです。ただし公的なつながりは実際にはたぶん動かないと思っていたほうが懸命だと思います。なかば私的なもののほうがうまく回るのだと思います。市町村の自治体も、事務対応で手いっぱいです。これは市民の立場としては責めたくなるところですが、責めても仕方のないくらい本当に手いっぱいで動いていました。ですから、そこに必要だったものを考えますと、民間がお手伝いをするということに、行政が乗っかるということが必要ではないかと思います。そのへんの柔軟さを訴えていく必要があるでしょう。南相馬市の個人情報の開示のようにですね。

被災者から求められる支援

最後に、被災者から求められる支援は、各職種の専門性によって支援内容が異なるわけではないということです。「臨床心理士だからあなたはカウンセリングをお願い」とか、「作業療法士だからリハビリをお願い」とか求められるわけではありません。たとえば「電球が切れた」のレベルからいろいろあります。さまざまな生活支援を求められます。そこはフレキシブルに動きましょう、ということです。

災害時のマニュアルはいろいろあります。今回もいろいろなマニュアルが出ました。そのマニュアルどおりにその地に行ってやれば成功するというものではないことが今回あらためてわかりました。その地で暮らすその被災者の求めているものに基づいた支援でありたいと思いました。そして自分が何をしたいのかも見落とさずにやっていきたいなと思いました。支援者とはいえ、自分を後回しにすると、のちのち自分がまいってしまうので、ここも忠実にいきたいなと思います。

在宅医療を支える

福島県　郡山市　安田智美《やすだともみ》（日本ＡＬＳ協会福島県支部）

二〇一二年三月、郡山で行われた「障がいを持つ人の東日本大震災」での報告をまとめたものです。安田さんは、お父さんがＡＬＳ（筋萎縮性側索硬化症）の患者さんで、家族会として関わっておられました。

電気に囲まれた生活

私は、ＡＬＳという病気で人工呼吸器をつけて在宅しておられる患者さんの支援を中心に行ってきました。その中で患者さんとご家族の方から、震災発生時のことなど伺ってきたことをお話しいたします。

患者さんは、人工呼吸器や酸素濃縮器等のいろいろな医療機器によって、生命を維持している方々です。そのほかにも痰の吸引器ですとか、吸入器、電動ベッド、エアマット、体温調節が難しい方は寒い時期ですと電気毛布もあります。意思伝達装置を使っておられる方も少なくありません。そういった電気の必要なものに囲まれた生活をしておられます。

また二十四時間の介護が必要になってきますから、往診や訪問看護の医療系サービスをはじめとして、訪問入浴、訪問介護などいろいろなサービスを組み合わせた状態で生活をしておられます。在宅の患者さんにとっては、それらのものが一つでも欠けると、本当に即、命に関わるような状況にもなります。

私の父もALSの患者で、人工呼吸器をつけた状態で三年半ほど在宅の生活をしていました。「していました」というのは、二〇一一年の十一月に亡くなったからです。

集会で報告をする安田さん

孤立

震災後は、まさにそういった生命の危機を患者さんたちは経験されました。いわき病院に入院中の患者さんは、病院自体が津波の被害に遭い、なおかつ病院の自家発電装置が故障して、自衛隊のヘリに乗せられて関東方面の病院に搬送されました。在宅の患者さんたちは、ほとんどの方が震災後も自宅に残り、非常に大きな困難の中にありました。

私の父もあまりにも大変な状況だということで、病院に受け入れてもらおうと連絡をとりました。けれども、病院自体も本当に大混乱でした。浜通りのほうから避難して来られた患者さんや、市内の総合病院の建物に甚大な被害があって、そちらの患者さんたちの受け入れをしていました。それで在宅の患者さんを受け入れる状況ではなく、断られてしまいました。

病院の在宅医療の担当の看護師さんとお話をしたのですが、原発事故発生当初から自宅が屋内退避区域に入った患者さんがおられました。それは、医療や介護のサービスを利用している患者さんやご家族にとって、あらゆる意味で孤立することになります。病院側も何とかこの患者さんだけは受け入れようと、いろいろ手を尽くしましたが、このときすでにガソリンが手に入らない状況になっていました。介護タクシーもすべて断られてしまいました。消防署に相談をしましたが、緊急の患者用にしかガソリンをとっていないと断られました。結局そのまま自宅のほうにとどまったということです。

地震による影響

地震による影響は、停電や断水、物資の不足でした。私は、福島県のだいたい真ん中の中通りの患者さんを主に訪問していました。電話がつながらなくて停電もしていましたから、「どうやって乗り切ったんですか？」とお話をお聞きしました。すると、たまたま通りかかった方が連絡をしてくれたとか、ちょうどヘルパーの訪問時間だったとか、そういったことでなんとかなったということでした。これがもしも夜間で、患者さんと家族だけの状態で、なおかつ支援者が近くにいなくて、動いていない時間帯だったらと思うと、ぞっとしてしまいます。たまたま不幸中の幸いで、時間帯が昼間だったので、へんな言い方ですが、ラッキーだったのです。

停電は人工呼吸器のユーザーにとっては、もう命に関わる問題です。これまで私たちも患者さんも家族も病院も行政側も、こんなに長時間の停電をまったく想定していませんでした。通常退院する時に、病院側からは「できれば外部バッテリーを一台準備してください」というお話が必ずあります。けれども、一台だいたい八万円ぐらいする、ちょっと高価なものですから、車いすで外出をする患者さんでなければ、まあ大丈夫だろうといったくらいの感じで、準備をしていない方もいます。実際に震災後に訪問してみて、意外と持っていない患者さんがいることがわかりました。

台風や雷など短時間で復旧する狭い地域のピンポイントの停電であれば、内蔵バッテリーと外部バッテリー一台あれば十分ですし、病院でも受け入れが可能です。今回のような大規模災害ですと、外部バッテリー一台でも足りないという本当に予想外の事態に陥ります。

断水やガソリン不足も想定外でした。特にガソリンがまったく手に入らなくなりました。買い物ができません。お店もほとんど開いていなかったので、探し回らなくてはなりませんでした。それもガソリンがないので、なかなか行けない状況でした。

ご近所からの水や食事の差し入れでしのいだ患者さんのお話もありました。さらに訪問系のサービスで往診の数が減ったり、訪問看護が来なくなったり、介護ヘルパーもストップしてしまったということがあります。それでなんとも不安な状況の中で過ごしたということです。

結局、支援の手を待つしかない患者さんとご家族は、不安が相当大きかったと思います。

原発による影響

地震よりも、原発事故による影響のほうが大きかったと思います。看護師などの医療職を中心に若い女性や小さいお子さんのいらっしゃる人の中には、他県に避難された人たちが非常に多くなりました。特に原発から距離の近い南相馬、放射線量が高いといわれている福島市から避難される方がとても多くて、人口の流出がかなり進んでいます。このことは、自宅でサービスを利用して暮らす患者さんと家族にとっても死活問題です。特にALSの患者さんは、意思疎通にしても体位交換にしても、かなり微妙な調整が必要で、慣れるのに何か月もかかるということがあります。やっと慣れてきたヘルパーさんが避難してしまったと相談をしてきた患者さんもおられます。

これはとても難しい問題だと思いますが、避難するほうも、されるほうもつらいということです。患者さんは、避難するヘルパーさんや撤退する事業所が自分たちを見捨てていくと思ってしまいますし、ヘルパーさんのほうも介護職員であっても医療職であっても自分たちのことを守らなければいけないと思います。また、いったん避難して戻って来ても、そこでの信頼関係がすでに壊れてしまって、以前のような関係になかなか修復できないという相談もあります。本当に難しい問題で、皆さんといっしょに考えたいと思っています。こうしたことで、これまで築いてきた信頼関係が壊れてしまうことに悔しい思いをしています。

学んだこと

今回の震災から得た教訓は、これは患者さんたちともお話をしたことですが、やはり最低でも一日二日は自分たちで乗り切るしかないということです。自助ということです。支援の手が来ると思っていても、実際に来るかどうかわかりませんから、できるだけの備えが必要だということです。

あとは今までの緊急時対応マニュアルです。難病患者のマニュアルのほとんどが「緊急時何かあったら、ここに電話をしてください」という内容で、電話番号がリストされているものです。これは電話が通じない場合、まったく役に立たない状況でした。それで保健所を中心に在宅の患者用の新しい災害マニュアルの作成が必要だと感じています。

最後になりますが、日ごろからの備えと、近所や近しい支援者の助けが、特に震災発生からしばらくの間はものをいうことを実感しています。小さい町や村に行くと、患者さんやそのご家族が、ご近所に病気のことを隠しておられるということを非常に多く見ます。「△△ヘルパーステーションと名前が入っている車は、うちの前に停めないでください」と言う患者さんも実際におられます。そういったところの意識をうまく変えていけたらと思います。

これは、患者会としてもこれからの課題だと思っています。これまで難病の患者さんや家族は、何かあれば保健所や病院が助けてくれる、なんとかしてくれると思いがちでした。けれども、これだけの大規模な災害になると、本来支援をする側も被災して、機能がストップし、公の助けが得られなくなるという状況が起きてしまうわけです。実際、ご近所の助けや支援者からの支援の手が届いたのは、患者同士のつながりのある方や、さまざまなサービスをすでに受けておられる患者さんとご家族だけでした。ある意味、サービスを利用しているごく一部の恵まれた患者さんだけということになります。サービスを受けないで、どこともつながりのない患者さんとそのご家族が本当は一番困っているのではないかと思います。私も一年経ってみて、非常に問題というか反省点もたくさんあって、震災発生からずっとわからないまま迷いながら、訪問をしています。

あの時、透析患者は……

福島県　二本松市　上遠野良之《かとうのよしゆき》（福島県腎臓病患者協議会副会長）

二〇一二年六月、いわき市の福島フォーラムでお話しになったことを記録し、まとめました。

透析治療には電気と水が不可欠

皆さんは透析ということを聞いたことがあると思います。透析治療とは週二回から三回で、一回に四時間から五時間かかります。これは、大雪が降ろうが、台風が来ようが、今回のような大震災が来ようが、一日おきに行われなければなりません。疾病としては特に難疾病です。全国で約三十一万人の方が透析治療を受けています。現在、福島県内では約七〇の透析施設で四千五百名が透析治療を受けています。また、県外の施設で五百名ぐらいの方が避難透析を受けています。

透析治療には電気と大量の水が必要です。なぜこんなに水が必要かというと、患者さん一人に毎分五〇〇ＣＣの水を使います。一時間には三〇リットル、五時間透析ですと、一五〇リットルの水を使うことになります。それが一日に三十人、四十人となりますと、いかに大量の水が必要となるか、ご理解いただけると思います。

総合病院や外科手術をするクリニックには、自家発電装置が設置されています。福島・郡山地区では震災翌日から電気が復旧しましたので、一番の問題は水道の断水でした。福島市、いわき市、須賀川市、郡山市などは水道局がタンク車で透析施設の貯水タンクへの給水活動に入りました。それでも足りなくて、消防自動車がサイレンを流しながらの貯水タンクへの給水活動であったために、近所の住人は火事でも起きたのかと、サイレンのたびにびっくりしておられました。

被災後の福島県内の透析治療の状況

福島県内の透析治療についての地域ごとの被災状況を報告します。福島県は、相双地区、いわき地区、福島地区、郡山地区、会津地区、県南地区に分かれています。特に太平洋沿岸部は、津波の被害の大きかった地区です。また、原発事故の被害で、大変な被災状況です。

◆相双地区

相双地区は、地震と津波そして原子力発電所放射能事故と

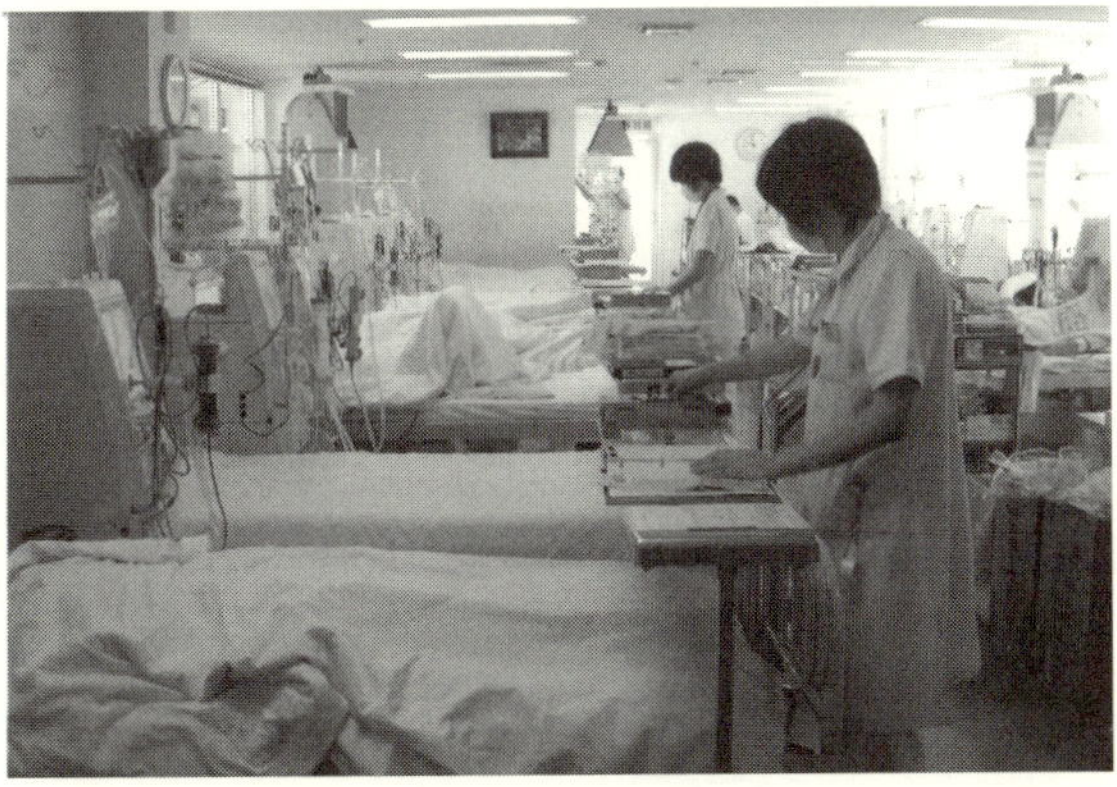

透析治療の様子

いう状況です。富岡・浪江町には二つの透析施設がありまして、二百人ぐらいの患者さんがいます。ここは二〇キロ圏内の避難勧告地域指定がされたので、避難先の福島・郡山・二本松等の透析施設で避難透析を実施しています。

南相馬市には二つの病院で百名ぐらいの患者さんがいました。二〇キロから三〇キロ圏内による避難ということで、二〇一一年の八月下旬より透析再開しています。しかし、今も深刻なスタッフ不足に悩まされています。

◆いわき地区

この地区は、地震と津波、原発問題そして水道が断水するライフラインの大幅な遅れが出ています。新潟方面、首都圏に千人規模の集団移動ということで、新聞紙上でも大きく報道されました。また、体調の問題で、避難が無理な患者さんはいわき市立共立病院の治療室を使って、開業医の先生方は交代で治療に当たっています。なお四月に水道が復旧したことで、通常の透析が実施できるようになりました。

「いわき市腎臓病患者友の会」が、避難された千人の方から被災状況をアンケート調査し、約五〇パーセントの方から回答をいただきました。避難先で透析施設を移動された回数は、二回目までの方

福島県の透析施設　全71施設

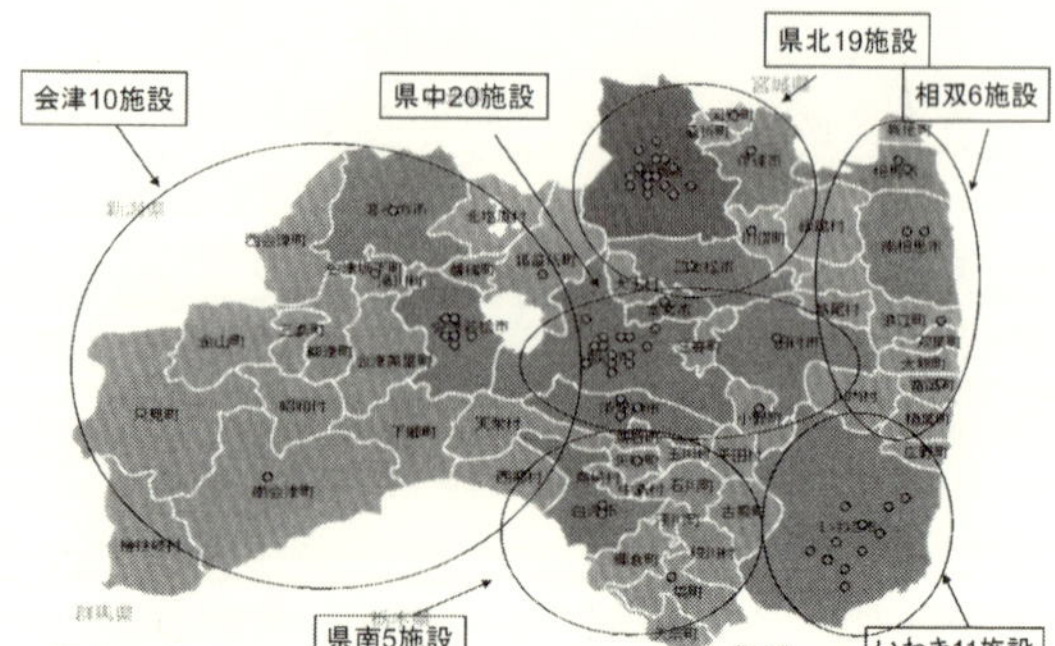

が七〇パーセントもいます。中には五回も代えた方がいます。通常の透析施設に戻られたのはいつかという質問には、三月中が一七パーセント、四月が四五パーセント、五月が一二パーセントで、だいたい二～三か月で戻っている患者さんが八〇パーセントでした。

避難先で困ったことは、人間関係が多かったようです。「知らない土地で不安だった」、「家族との連絡が取れない」、「体育館はとても寒くて大変だった」。それから、避難先の透析施設から、二～三日中に自分で他の施設を探すように言われて困った、という意見がありました。避難先でうれしかったことは、「受け入れ先の病院がとても親切であった」とか、「福島から来たというと親切に受け入れてくれた」とか、また「患者同士連帯の輪が生まれた」という意見がありました。

◆福島・郡山地区

ここは建物損傷が大きかった地区です。一時期、複数のクリニックの患者さんは他の透析施設で透析を受けていました。相双地区から避難した患者さんを受け入れた病院は、透析を三クール体制で、たいへんがんばって治療をしているそうです。

◆会津地区

会津地区は地震や原発の被害はさほどなかったので、問題はないと思いがちですが、個人的に浜通りから移動された患者さんがたいへん多くなりました。加えて、大震災により物流が悪く、機材不足が懸念されて週二回の透析で対応されました。会員からは週二回は苦しいと患者会に悲痛の電話がありました。そこで県透析災害対策責任者を通じて要請し、やっと四月より週三回になりました。

◆県南地区

白河では、建物の損傷もなく、通常の透析が実施されました。須賀川市内のある透析施設では、建物損傷がひどく、他施設に透析を依頼しています。また貯水槽をもたないクリニックでは給水ができず、大震災を契機に自家発電装置と貯水槽設置をつけたそうです。

今後の防災計画は

福島県腎臓病患者協議会としては、県と県議会各党宛に要望書を提出しました。——透析治療は水と電気が不可欠です。緊急時に供給体制ができるよう整備してください。もし透析治療ができない時は、患者さんの移送と代替施設を確保してください。また福祉避難所でも食事管理ができるように配慮してほしいということや、災害時、透析患者の通院の問題も災害対策の一環としてとらえてほしい、ということなどを要望しました。

震災時にはガソリン不足で通院できず、非常に苦労しました。県の対策本部のほうに連絡をしましたが、全く受け付けてもらえませんでした。

震災前、福島県内では、福島市・郡山市・会津若松市・いわき市といった人口十万から四十万人規模の都市でも、福祉避難所の指定を受けていた所はゼロでした。こうした中で、二〇一二年二月、福島市が四一か所の福祉避難所の施設指定をしたことは明るいニュースです。しかし大規模災害が発生した場合、指定を受けていた施設が実際開設し、運用していただくことが、今後の大きな課題です。

個人としては、災害手帳・健康保険証・常時服薬している薬をかばんの中に入れて、持ち歩けるようにしておくことが大切です。災害手帳は全国腎臓病患者協議会で作ったものです。阪神・淡路大震災の教訓を生かして、透析の記録などの情報が挙げられています。これは腎臓病に関わらず有効と思われます。

職場の同僚たちと（右端・上遠野さん）

あと、通信網、連絡体制の整備です。大震災では、固定電話、携帯電話など全く使えませんでした。こうした中で公衆電話がたいへん活躍しました。ところが最近は携帯電話の普及で、大幅に減っています。災害時には公衆電話がもっともっと必要ではないのかと思いました。

最後に、放射能汚染の下で、どう生きていくのかという大きな課題を抱えています。東京電力福島第一原子力発電所の放射能漏れの収束と一日も早い復興をお祈りします。

コミュニティづくりこそ最大の防災

法的な福祉サービスの利用が進むなかで、介助が必要な障害者や高齢者とその地域で暮らす人たちとの関わりが薄くなっています。

また、避難所での暮らしにくさや、避難生活でのさまざまな問題は、障害者特有のことではなく、みんなに共通の課題でもあります。

防災をキーワードに取り組みを進めることで、災害への意識が高まると同時に、日常のコミュニティも深まり、輪が広がります。そして、防災や災害の支援活動でもっとも重要なのが、ふだんからの人と人とのつながりなのです。

作業所が大津波に流されて

宮城県　南三陸町　鈴木清美《すずききよみ》（いそひよ応援団・おもちゃの図書館いそひよ代表）

知的障害の息子さんがいる鈴木さんに、被災地障がい者センターみやぎの活動報告二〇一一・二〇一二年度にお載せになった文章をもとに書き加えていただきました。

生死を分けたもの——それはまさに偶然が重なった運

巨大地震で街も人々も自分自身もパニックになった時は、海岸から数十メートルの勤務先にいて、大津波警報が防災無線や車のラジオから叫ばれているなか、長男の通う知的障害者生活介護施設のぞみ福祉作業所に駆けつけました。そこは海岸から一キロ離れた海抜二〇メートルにある高台で、社会福祉協議会本体のほか、デイサービス・特別養護老人ホームも併設されていて、「福祉の里」と呼ばれています。かつて（私も通った）中学校があり、普段の津波避難指定地でした。

地震に怯える通所者、法人職員らとともに津波襲来の警戒をしていましたが、今回の大津波はこの高台まで襲い、結果、波に呑まれてしまいました。残念なことに、通所者二人が亡くなりました。作業所の敷地は、ここが安全！と勝手に思っていた私たちが悪いのでしょうが、向かってくるあの海から逃れる手段は建物内を右往左往することだけでした。

最終的にたどり着いた中庭がプール状態となり、その中で溺れもがいたのですが、私は運良く？引き波に連行されず、生きていました。ちなみに、私の長男（知的障害・当時二十歳）は、津波襲来の直前、個室トイレに職員を連れて入り、胸元までの水でギリギリ命拾いをしました。

生死を分けたもの――それはまさに偶然が重なった運。必死で追波から逃れようと走りましたが、そのスピードと威力になす術もなく、溺れた体から命が引き剝すされようとした瞬間、一本の雨樋につかまることで、「もう一度生き直せ！」という宣告を受けた気がします。普段、「障害児や高齢者のために」なんて、格好良いことを言っておきながら、このような災害時には、だれかを助ける余裕など一切ありませんでした。

生きることの申し訳なさを解消するには、生き方を考え、行動しなければならない。亡くなった方の分まで生きる。それは大きなプレッシャーです。生きている方々がどう生き続けるのがよいのか、自問自答し続けなければなりません。津波に溺れても亡くならずにすんだ瞬間から、私たちは避難民となり、要支援者に変わりました。と同時に、被災した通所者の支援も担うこととなります。

志津川高校での避難生活

施設が波に呑まれた後、被災現場からもっと高台の志津川高校に避難することに決めたのですが、途中の瓦礫を越えて急こう配の長い階段を昇らなくてはなりません。救助者がなく、支援する者も要支援者となる非常時は、お互い力を合わせなければならないのです。

降り出した雪にずぶ濡れの体が容赦なく冷やされ、泣きながら避難した通所者と職員は、高校の配慮で理科室を提供してもらいました。生徒が懸命に集めてくれた教室のカーテンや緞帳《どんちょう》を体に巻きつけながら、石油ストーブの周りで固まって一晩を過ごすことになるのですが、寒さと暗さと何が起こったのか理解できない状況の中、とにかく早く朝になってくれ、早く落ち着かせてくれ、早く空腹の通所者を何とかしてくれ！ と祈るだけでした。

職員が携帯で連絡をとろうとしていたけれども、全くつながらない。こんなＩＴ時代の日本なのに、一番大事な情報入手手段が切られては不安ばかりが募ります。

私は、溺れた時点で携帯も眼鏡も失くしてしまったので、家族とも連絡が取れないし、変貌した街を確認することもできませんでした。通所者は、固く冷たい床に薄く敷かれたカーテンの上で震えながら寝入っていましたが、さほど大きなパニックにならずにいたと思います。もちろん私たち（職員や避難住民）はその晩一睡もできませんでした。

被災直後の「のぞみ福祉作業所」

体育館では被災された多くの住民が肩を寄せ合って一晩過ごしましたが、だれもがこの状況を納得できずにいたと思います。静寂の真夜中に聞こえるのは「ダメだ（携帯）つながらない！」という叫び声と、ザーッという不気味な波の往復音のみでした。

高校に隣接する高台住宅地からおにぎりの炊き出しをいただけるとの情報が入り、翌朝六時五〇分に元気な被災者が受け取りに行くことになりました。旭ヶ丘団地からの炊き出し（おにぎり）を待ちながら、最初の対策会議が高校職員室で行われ、今後の善後策が話し合われました。

届けられたおにぎりは、通所者（障害のある子どもたち）には一個ずつ配布され、大人たちは半分こしなければならない状況でした。満腹が日常！という震災前の環境がどれほど豊かだったのかを痛感しました。

被災した私たちが真っ先に行わなければならないことを考えました。まず現状把握と病人搬送！そのためにはこの惨状を知らせなければならない。自衛隊の偵察機が上空を飛んでいましたが、情報の伝達が不十分なので、とにかく校庭にＳＯＳの文字を石灰で書き、臨時ヘリポートを確保する案が通りました。

校門から下界を眺めて唖然。眼鏡がなくても、事の重大さが感じられました。私たちが平和に暮らしていた街並みが消えていたのです。とりあえず、作業所に戻らなければ……。眼鏡や携帯、ビジネスバッグや車両などがどうなっているか？　階段を降りてみました。瓦礫の山を越えながら。

あんなに整然となっていた建物内は、足の踏み場もないくらい多くの残骸が積み重なっていました。

逃げる最中に足をさらわれた廊下にはガラスの扉が横たわっていて、ホール内は机や椅子などの備品が行く手を阻んでいました。結果的にはここから中庭に放り出されたのが幸いしたのかもしれません。この場にいたら、引き波に耐えられても、机に押しつぶされていたかもしれない、そんな現場です。

往復すること三度目、波に呑まれた現場（作業所）に寄ると、窓の下にキラリと反射する物が見えました。なんと愛用の眼鏡の一部が泥から呼んでいたのです。しかも無傷で、これまで薄ぼんやりとしか見えなかった変わり果てた風景が、ようやくはっきり見えました。しかしそれは、確実に惨状を受け入れなければならない現実を直視することになったのです。

その日の午後、ほかの避難所を巡るため、まず志津川中学校に向かうことにし、松籟坂《しょうらいざか》をゆっくりと歩きました。車は流失しているし、街は瓦礫で道はない！　予想以上にハードな階段を昇りきり、中学校にたどり着くと、多くの住民が避難していました。車の生活に慣れてしまっている現代社会の大人たちには、歩くことしかできない街の往来はきつく感じます。情けないけれど。それでも、中学校から小学校、さらに天王前の自宅（痕……両親はいまだに行方不明）を確認し、避難所となったベイサイドアリーナを訪れました。どこも混乱している避難所で、とにかく何をどうすればよいのか途方に暮れている住民の茫然自失の様子ばかりです。多くの知人と無事を喜びつつ、一旦高校に戻ります。

三月十二日から、合宿並みの避難生活が本格化しました。食料や飲料はまだ不十分でしたが、協力し合う体制はできた気がします。

少しの夕食を皆揃っていただき、夕闇が迫り、ろうそくの明かりだけが頼りになる時間には、「眠ってしまおう！」の施設長の合図で横になります。といっても、毛布やタオルケットはなく、カーテンや緞帳を、机や椅子を並べた緊急ベッドに敷きつめての睡眠です。灯油やろうそくの節約も考え、冷えて暗い教室で熟睡できるはずもなく、一夜を過ごします。

このころはまだ水洗トイレ（障害者用）も使えたので、のぞみの利用者も私たちも助かったのですが、もうすぐ使えなくなる事態が迫っていました。ラジオもなく、携帯もつながらず、家族の安否も世の中の様子もあまり知らない不安な夜です。人づてに「仙台荒浜地区では二百〜三百人もの遺体が浮いているとの報道があった！」と聞かされ、「東日本の太平洋岸の街は全滅らしい！」との話も流れました。「仙台が大きい被害ならば、こんな小さな田舎町に助けが来るのはまだ先かな？」なんて、悲観的な会話が飛び交っていました。

もう一つ心配だったのが、長男の薬がないこと。「必要な方は保健室に相談してください！」とは言われたものの、彼の服用したいてんかんの薬は在庫なし。八時間おきに服用しなければならないのに……。明日になれば救助や支援物資が届くだろう、との淡い期待を胸に暗さが増す夜を、ただ生きているのが不思議だという感覚で過ごしました。

三日目の朝を迎えました。ヘリの音がものすごく頼もしく聞こえましたが、最初は病人や超高齢者を移送する目的の飛来でした。もちろん重要な任務であり、緊急事態に対応したもので助けられたのですが、食料や毛布などの支援物資を運ぶヘリは、待てど、なかなか来なかったのがとても心細く感じたものでした。それでも、わずかながら食べるものや飲料をいただき、パニックに陥ることはありませんでした。

私が逃げ延びたけれど溺れた最終地点、のぞみ作業所の場所に毎日立ち寄り、十二日に眼鏡を、さらに十三日には当時波に追われて手放してしまったビジネスバッグを発見しました。この中には、仕事用の会員名簿や地区・三一会・個人の金融機関通帳や最低限のデータが入っていました。水で濡れてしまっていた物が多かったのですが、高校に持ち帰り、天日干しをしながら泣きました。みんなの財産を失くさずにすんだのですから。

被災時に必要な対策

多くの関係者から、「震災後、障害者はどのように過ごしていましたか?」という質問がありました。のぞみ福祉作業所の利用者は職員とともにほぼ全員が同じ教室で避難生活をしていたので、皆さんが心配するほどつらい状況ではありませんでした。むしろ後日聴いた話ですが、どこにも属していない障害者は雑踏の避難所にいることが難しいので、家族いっしょに自家用車で寝泊まりしていたようです。食料は避難所の炊き出しをいただきましたが、肩身が狭かったようです。

高校での避難生活では、使えなくなった水洗トイレに苦しめられました。皆さんの体調が万全でないなか、できる限りトイレの使用を控える努力がやるせなかったのです。

解散するまで皆が揃っての合宿のような生活ならば良いのですが、避難生活翌日から少しずつ家族が迎えに来て、一人二人と去ってゆきます。

母親と離れ離れになってしまった私の長男は、毎日仲間の家族が迎えに来て、少なくなる状況に日々つらさが増幅しているようでした。廊下に響く足音に「お母さん！」と叫んで飛び出し、違う人であったことを実感して、うなだれる……。私に、「お母さんは？　いつ来るの？」と訴えてくる目を直視できず、「必ず来るから！　お父さんと待っていよう！」と励ましながらも、私自身不安で、加えて彼の一途な思いが不憫で。

後日生きて再会し、共に暮らすことになるのですが、もし仮に彼がひとりぼっちになってしまっていたらと考えるだけで冷や汗が出ます。母親が遠くにいて、すぐには駆けつけられない状況下にせめて父親がそばにいたということで、精神的に安定できたかな？　私自身、長男と共に生きて暮らせていることに幸せを感じていました。

震災当日の朝、妻と二男は、合格したばかりの宇都宮大学に通学するためのアパートを探しに出かけていました。宇都宮市内の物件を見ていたとき、大地震を経験したのですが、大津波のことは夜までわからなかったそうです。私たちとの連絡も途絶え、新幹線も止まり、ホテルも停電したりで、妻と二男も大変な目に遭ったということです。

被災を免れた旭ヶ丘団地の住民から連日炊き出しをしていただき、飢えることはありませんでした、生きるために必要な衣・食・住は何とかクリアできましたが、障害者に限らず困ったことが山ほど発生しました。電気、通信、移動などの問題のほか、避難所生活では、だれにとってもトイレが大きな課題です。便利な水洗方式もいずれ限界がきますし、障害者用のトイレしか利用できない方にとっては、緊急で掘った仮設スペースは無用の長物。じつは、この先、障害者用仮設トイレを確保するために多大な時間を要することになります。

日常服用していた「薬」(少ないうえに高価なもの)を失ったのは、障害者だけでなく高齢者や病人にとってもつらいことでした。命に関わる薬の服用ができなかったり治療が途絶えたりする被災時は、その対策を講じておくことが必要ではないでしょうか。現状では薬の服用には医師の処方が必要ですが、薬や病歴等のデータさえあれば供給できるというシステム作りが課題だと思います。病院や薬局が機能を失った緊急時ならば、クラウドのデータから情報を割り出し、だれかが患者の対応に当たれるようにすべきでしょう。

おもちゃ図書館・いそひよ活動からいそひよ応援団へ

おもちゃの図書館活動とは、障害のある子どもたちが気に入った玩具で遊び、ボランティアさんとともに交流する活動です。一方、家族(特に母親)にとっても、同じ境遇の療育への不安解消や情報交換の場として貴重な活動であると考え、平成七年(一九九五年)から十六年間、南三陸町で継続してきました。この団体名が「おもちゃの図書館・いそひよ」です。

三月十一日の大津波は、活動拠点であった天王前ふれあいセンターとたくさんのおもちゃや本を、十五年間の記録とともに呑み込んでいきました。十五周年を記念したミニ学習会を二〇一一年二月に開催しましたが、そのわずか一か月後でした。音信不通となった仲間がどこでどのように避難してい

鈴木清美さん（左・南三陸入谷公民館にて）

るのか、時間はかかりましたが、確認することができ、仲間同士の再会を果たしました。

その年の六月から、仲間からの要望や全国各地からの応援により再開することができましたが、昔からのメンバーはもちろん、震災後に活動を聞きつけて参加されるようになった家族も少なくありません。障害者も共に生きる！力です。

再開したおもちゃの図書館は、毎月一回山間の入谷公民館をお借りしての活動で、おもちゃを揃えたくても保管場所がなく、お母さん方が集まって思い切り泣いたり笑ったりしたくても、場所がありません。私たちメンバーだけでなく、被災された多くの住民も今離れ離れの仮設住宅で、不安で不便な生活を送っており、気軽に集まれる「拠点」が欲しいと思っています。このような気持ちを組み入れて、支援団体が常設館兼交流館を設置してくださることになりました。感謝！

しかしながら、ここで日本の法律の問題が立ちはだかります。支援を受ける側が個人や任意団体では贈与税や固定資産税の関係もあり、寄付が難しい、と。「いそひよ」は家族会による任意団体でしたので、今後ＮＰＯ法人として制約や助成を受けながら活動しなければなりません。支援を受けるにはそれなりの覚悟と自立が必要なのですね。被災地でも。

障害児や家族との交流を目的に始めた「おもちゃの図書館・いそひよ活動」は、震災後、「いそひよ応援団」の看板を掲げ、被災した住民等から課題や要望をうかがい、支援団体につなげる活動をしていますが、いそひよメンバーの家族からのニーズに、即対応してくださったのが「被災地障がい者センターみやぎ」です。障害者支援ではほかにも多くの団体が来町していましたが、役所に保管していたあらゆるデータが流失し、障害者や高齢者への対応が困難でした。それぞれが独自のルートで活動する効率の悪さも浮き彫りになったことから、日本障害フォーラム（JDF）を中心に同様の団体が集まり、連携をとるよう協議されましたが、災害時における支援の課題は普段から共有しておく必要があると思います。

近い将来発生すると言われる首都圏や西日本の災害はもちろん、津波の来ないところでも想定外の出来事は起こり得るものです。地震、雷、火事、噴火、竜巻、大洪水、原発事故からテロまで考えないといけない二十一世紀の日本です。

おもちゃの図書館いそひよ　クリスマス会の一コマ

「残るしかない」という道

福島県　南相馬市　青《あお》田《た》由《よし》幸《ゆき》（NPO法人　さぽーとセンターぴあ〔ぴーなっつ〕代表理事）

青田さんは、二〇〇八年五月にNPO法人さぽーとセンターぴあを立ち上げ、障害者福祉サービスとして、生活介護、就労支援B型、活動支援センター、相談支援の事業を運営しておられます。重度障害者の娘さんがおり、仙台に住んでおられます。本稿は、二〇一一年七月、全国自立生活センター協議会の総会で講演されたものです。

南相馬　想定外の地震・津波

三月十一日午後二時四十六分から、何が起きたのか、それをまずお話ししたいと思います。震災・津波に関しては、仙台・岩手と全く同じです。違うのは、原発に近いところです。センターの事業所は、津波が東側五〇〇メートル手前で止まりました。そこはちょっと高台にあったからで、低い所は津波が通り越して行きました。

実際その時は津波が来ることを全然想定していませんでした。ですから、津波が来ていることすらわかりませんでした。一時的に電源が落ちていましたし、情報が全くありませんでした。海っぱたなので、浜辺のところには緊急防災無線があるのです。たとえば農業の方や漁業の方に、津波が来たときには、すぐお知らせができるようになっています。

でも実際は、震災でその防災無線が壊れていて、聞こえませんでした。事業所のそばにもあるのですが、防災無線は聞こえませんでした。たまたま私が市役所の会議に出ていて、戻って来るときの車の中で津波警報を聞いて、わかったわけです。

けれども、うちの事業所の場所は海から四キロぐらい離れているので、津波が来ることを想定していませんでした。六メートル以上の津波だということなので、護岸が六メートルぐらいあるので、パシャッと超えるくらいで、ドーンというイメージはありませんでした。過去にそういう津波が来たという話も聞いていないので、この地域の人たちは逃げていませんでした。ですから、津波で亡くなった方が多かったというのはそういうことだったと思います。

南相馬では、海から二キロ圏内のところまでは建物の姿・形がありません。基礎しかありません。ですから、二キロ圏内で逃げていない人はほとんど亡くなっています。それと、津波が来るという情報で助けに戻った人たちも多くいます。助けに戻った人たちのところにちょうど津波が来て、亡くなったのです。

漁師の方たちは津波が来ることを想定して、自分で船を外に出しています。もしくは家族を逃がしています。その人たちは助かっています。でも、漁師でない人は、働いている場所が海から六～七キロ先の町のほうなので、そこから迎えに来ているのですね。ですから、迎えに来た時が、ちょうど津波の来た時間だったわけです。

仙台平野があって、相馬平野があって、南相馬はずっと平野なのです。ですから、山の手に逃げるまでに四キロぐらいあります。車のない人は逃げられません。ですから、その場でじっとしていた人たちが多かったのです。そういう形で、南相馬では津波で多くの方たちが亡くなりました。

二か月後の五月十八日には、南相馬市で死者・行方不明者が七百六十五名、実際にここに数字が挙がってこない人たちがけっこういます。それから津波の被害をこうむった戸数が五〇〇二棟ですが、実際はもっと多い数字が出てくると思います。

そして、原発事故――南相馬の町は

うちの事業所は十一日の金曜日から月曜日までは安否確認で、全員職員がいました。電話がつながらないから、一軒一軒歩くしかありません。歩いているその途中に、もう一回大きな余震が来て、津波警報がもう一度出たので、もう一度避難しました。その間に原発の三号機の爆発が来ました。そのために「もう、あぶないよ」という状況になったのです。原発のコントロールが不可能だということになった時点で、事業所を継続するのは無理だろうと、一週間はお休みしました。若い職員・子どもさんのいる職員に関しては、「とりあえず安全なところに避難してください」とお願いしましたが、ガソリンがなく、スタンドはみな閉まりました。

火曜日に四号機が爆発した時点で、全部の商店が閉まりました。食料を買う所がなくなりました。開いている店があると、五時間六時間並んで買うのです。ガソリンも、スタンドが開いてきたときに、五、六時間もしくは前の晩から並びます。そうしないと、買えないのです。一か月ぐらいそれが続きました。そして物流が全部止まりました。

最初に危なくなったのが病院です。まず薬、次に食料がなくなり、患者さんの安全を維持することができなくなりました。ここにいることが無理だと、病院自らがNHK等のマスコミに「なんとかしてくれ。助けてくれ」とヘルプを出しました。それがNHKのニュース・ウォッチ9に流れ、横浜、東京から多くの手助けが来ました。けれども、受け入れてくれるといっても、患者を輸送するバスが入って来ません。大手のバス会社は原発三〇キロから中はいやだということです。それで、小さい会社とかバスのレンタルとかの会社が手を挙げてくれました。

実際どれくらいの人を輸送しなければならなかったのかというと、少なくとも入院患者さんだけで千人の方が外に出なければいけない状況でした。十六日から十八日にかけて入所入院の方全員が外に出ました。その途中で相当の方が亡くなっています。寝たきりの人がとても多いので、搬送途中で亡くなっています。着いて、向こうで亡くなった方も多くいらっしゃいます。

南相馬市では、それでも推定一万人くらいは残っただろうといわれています。けれども、一万人は残っていないだろうと思います。それはなぜかというと、ちゃんと調べていないからです。調べられないからです。

うちの施設の職員に関しては、三人だけ残りました。残らざるを得なかったのです。というのは、うちの事業所の利用者さん、関係者さんたちの安否確認はできましたが、状況確認ができなかったからです。要するに、地震当時は大丈夫であっても、その後避難できているかどうか、確認しなければならないわけです。

そうすると、わからない人たちがいっぱい出てきます。自宅へ行った時はいないけれども、電気メーターが回っているからいるかもしれない。そういった状況の人たちがいっぱい出てくる。そうすると、その人たちを置いて、私たちが逃げるわけにはいかないのです。

まず残ってくれる職員を捜しました。そうしたら三人残ってくれました。おおむね余命三十年の方です。それで安否確認をするのに、じつは一週間以上かかったのです。

学校・病院・事業所はすべて閉鎖

学校関係はもちろん全部閉まりました。当然子どもさんもここにはいられないということで、出て行きました。病院の入院は基本的にゼロです。なぜかというと、病院を開院すれば避難者が戻って来るので、開けないからです。といっても、死に瀕している人はいらっしゃいます。そのためにということで、七万人の人口のところに、わずか一〇床が残されました。しかも七十二時間の限定です。七十二時間が経てば、福島や仙台へ搬送です。そうはいっても、大変でしょうからということで、やっと国が二〇〇床まで認めると言ってくれました。でも七十二時間は変わりません。ですから三日間しかいられません。医療が終わったら出て行ってください、ということです。寝たきりの状態で戻って来て、在宅という状況が続きました。

在宅で戻って来ても、ヘルパーや施設などもありません。三〇キロ圏内で、障害者の通所事業でやっているのはうちだけでした。ようやく精神障害者のところが後になって開きました。老人のデイサービスはこの年の連休明けにポツポツ開かれました。開かれても、利用者を受け入れられないのです。なぜかというと、福祉の社会は女性が多くいらっしゃるからです。お子さんのいる方が多いので、戻って来ないからです。ですから、余命三十年ぐらいの人たちが一生懸命やっている、それぐらいの人で受け入れられる人数しか無理だということです。だから、多くを受け入れることができないのです。

それから、要介護認定が南相馬市の新規だけで三百人を超えています。現時点で介護認定査会をやっているのは、浜通りでは南相馬市だけです。なんとかがんばって判定会議をやってもらっています。相馬市も他の市町村も開かれていません。ですから介護保険につながっていないはずです。

家に戻って来ている人がいても、地域の福祉を支える事業所などの社会資源がないため、障害者も老人も状態が重くなっています。避難所にいた人たちがどんどん戻って来ています。一番早くて二日、遅くても一か月です。避難所にいられないのです。戻って来て、症状が悪化し、要介護でなかった人が要介護になっています。在宅になって、家族はますます、介護の問題を多く抱えるわけです。そういう状況がさらに進んでいるという形です。

逃げられない人たち

じつは、うちの事業所へＪＤＦ被災地障がい者支援センターふくしまから、「こういう障害者からヘルプが出ているのですが」という連絡がありました。その時、うちの事業所にも残っている利用者がいて、その人たちの支援を続けていたので、南相馬市にどれくらいの障害者が残っていて、その人たちに支援がつながっているのかという危惧がありました。

うちの事業所だけでもそうとう大変な人たちがたくさん残っています。うちの利用者さん六十人の中で三〇パーセントを超える人たちが避難していません。それは避難しなかったではなくて、避難できなかったのです。本当に残っているのです。まず避難所に行けない、親戚のところへも行けない。行かないではなく、行けないのです。

食料も何もないのに、どうして残れるのか。ライフラインが生きていたのです。南相馬市の場合は。国道六号線から西側にライフラインが生きていたために、電気ガス水道が大丈夫でした。食料は田舎なので、一年分の米を持っています。米がある、水がある、暖が取れる、だから何とか残れる状況があったのです。本来であれば避難したかったのです。でも、できなかったのです。行く場所がなかったのです。そういう人たちがいっぱいいました。

南相馬市は、「自分で逃げられるけれど、自己責任でここに残る」という人がいるという想定で動いていました。けれども、実際はそうではないということです。逃げられる人は実際に逃げました。

逃げられない人が残っていたのです。

在宅障害児・者とつながる

行政は「支援物資はもういらない」と言っています。どこの行政も「いらない」と言っています。それはなぜかというと、うちの行政の話ですが、「自立をそぐ」からだ、というわけです。自立をそぐような支援はするなということです。しかし、うちの事業所は単独で物資を届けています。あそこは危ないという話があれば、どんどん届けます。日曜日も開けて物資提供をしています。

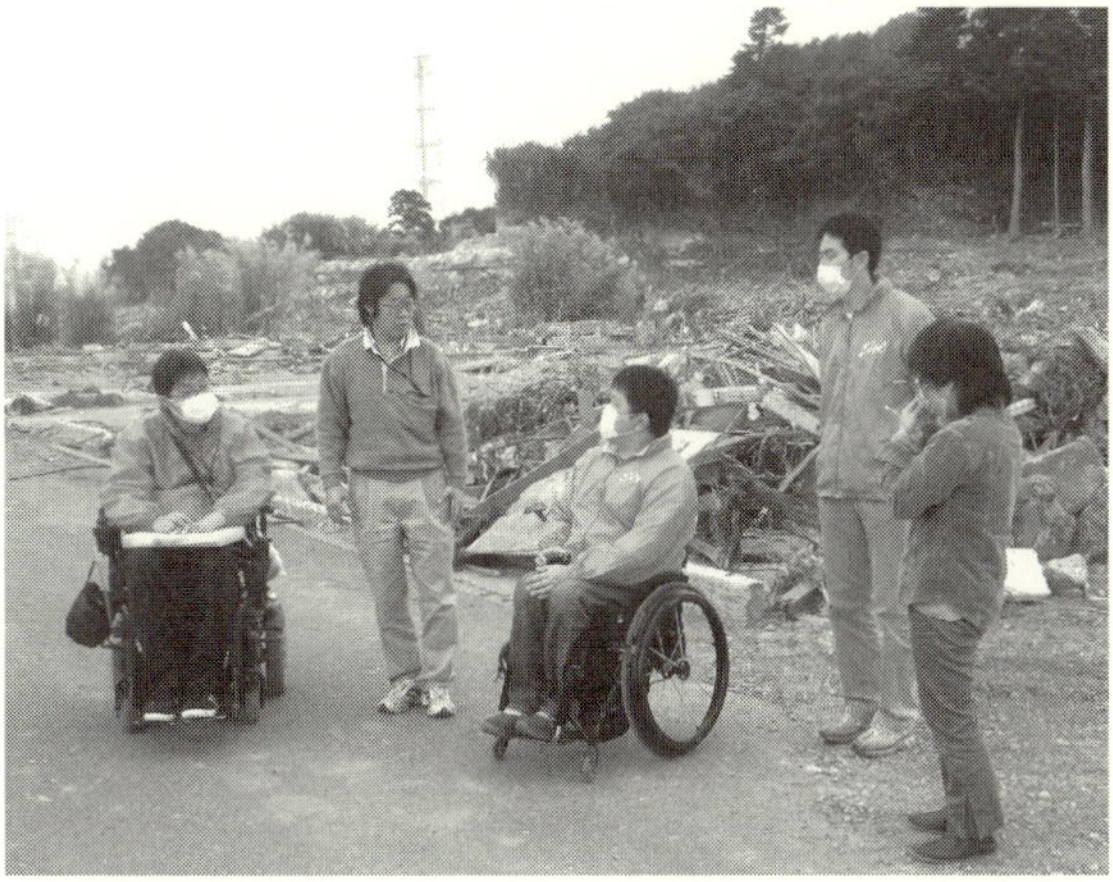

県外の障害者たちと被災地視察（左から２人目青田さん）

　物資を提供するときに普通は、「物資もらいに来ました」、「何が必要ですか。これをあげます」という対応をします。それだと、その人はもう来ません。物資をもらうのは、とてもつらいことなのです。普段は「○△ください」などと言っていないし、「ちょうだい」なんて言うのはつらいことです。

　行政の物資の配り方は、当初は皆に対してでしたが、落ち着いてくると、家が全壊した、半壊した、あるいは主たる生計を営んでいるご家族がいなくなった、そういう人たちに基本的に配るということです。そのためには証明書を持っていかなければなりません。罹災証明書や生活困窮者の証明書をもらってから、物資を配る所へ行き、物資受領書にハンコを押されます。そして、「あんた、何回来たね」と言われる。すると、二回ぐらいまでしか行けないのですよ。三回目はもうちょっと行けない。そうやって配るから、物資をもらいに行けなくなるのです。「お店が開いているから、物資は買えるようになったでしょ?」と言われます。でも、多くの人が被災しています。そして失業しています。それで物資はまだまだ足りません。

うちの事業所は配る方法を取りません。来てください、と。その時に聞き取りをします。「あなた、だれですか?」ではなくて、「大変でしたね。今どんな状況ですか?」と。おもに女性スタッフにやってもらいます。そのことによってつながるのです。つながったことによって、「また来てもいいかな」、「うちのこと、わかってもらえたから、また来っかな」、「子どもがこんなの欲しいから、子どもといっしょに来てみっかな」と、そういうふうにして来てくれるのです。

土曜日・日曜日には五~六組は来ます。平日は三組ぐらい来ます。三組というのは、一家族で十人ぐらいいますから、三十人ほどでしょうか。被災しているので、まとまって来ます。もう二つとか三つの家族が一つの家に入っています。十人家族だったら、食料はいくら持って行っても間に合わないのです。でも、行政ではもうもらえません。それなら買えるかというと、一家の世帯で四人ぐらい失業しているのはざらです。そうしたら、もう所得が十分ではありません。それでも、なんとかつなげなければいけません。そうしないと生きていけないのです。

よくテレビなどでも、人々が仮設住宅になかなか入らないというお話を聞くと思いますが、仮設に入ったら全部お金がかかるのです。エアコン・テレビがついているから大丈夫だと言うけれども、電気代がかかるではありませんか。すべて自分の負担です。食料も。お金がもったいなくて行かないではなくて、行けないのです。

それに、うちには生活保護をカットされた人が百五十五人いると言われましたからね。義援金をもらったから、それが収入だということでバサッと切られてしまいました。一般の人には、義援金は収入認定しないと言っているのです。なんで生活保護の人だけ収入認定するのかという話です。でも、それは市町村に任せるみたいな話で、今、それをひっくり返そうとしています。残念ながら行政との温度差があるということです。

事業所を開けます

うちの事業所は二〇一一年四月十一日にオープンしました。うちの地域は、事業所をやってはいけない地域です。避難指示が出ているこの時期は、要介護者を連れて来てはいけない所です。でも、目の前に、本当に状態が危ない人、立っている人が座りっきりになって、座っている人が寝たきりになって、知的障害の人に自傷行為や他傷行為が出てきて、それで親御さんとの関係が悪くなり、親御さんの虐待につながっているケースが見えるのです。

「うちは大丈夫だあ」と言っても、でもぜんぜん大丈夫でないことがわかります。「この状態を続けていたら、だめだよね」ということで、うちは震災後三週間目から「事業所を開けさせてくれ」と頼みました。でも、県も国も「開けてはだめだ」と言いました。最終的にはお伺いをたててもだめなので、「開けます。承認はいりません」ということで始めました。市も大変な状況を共有してくれたようで、「認めないけれど、やむを得ない」と言ってくれ、「ああ、よかった」と始めることができました。市が「やむを得ない」と言ったら、県も「市がいいって言っているんだったら、うちもやむを得ない」ということで認めてくれて、四月十一日になって、事業所を開くことができました。

他の施設も連休明けからぽつぽつと開けることになりましたが、人手やサポート態勢などの資源は全く足りません。うちの事業所でも、子どものいる職員が六人ぐらい県外に避難しています。開けましたが、手がないのです。支援センターふくしまから人を入れていただいて、つないでいます。それから場所が被災しているので、二か所を一つにしてなんとかやっています。センターのほうから人を入れていただき、やっていますが、いつまでもというわけにはいかないので、九月をめどになんとか通常の体制に戻していこうと思っています。

それと県外に避難した障害者の情報がつかめていません。その人たちがどこにどのようにいて、大変な状況になっているのかが、ピンポイントでしかわかっていません。ですからこれを支援センターにお願いして、県外の障害者にどのようにつなげるのかを模索しながら動いているところです。

そして、ふたたび原発が爆発したら、うちはアウトです。また同じことになります。ですから福祉避難所を早急に考えていかなければいけないと考えています。こうした緊急時になった時に避難する体制、支援する体制が本当にできていないと思いました。自分たちも目先のところで動いていたと強く感じています。もっと効率的に、もっと人を早く手配できたらいいなと思っています。

最後に、市から個人情報が出たことによって、南相馬市の障害をもっている人たちとつながりました。残念ながら、隣の相馬市はつながっていません。飯舘村では「出さない」と言われました。そのことによってけっこう不幸なことがありました。避難二〇キロ圏内の人たちは今でも何にもわかりません。ですから、在宅でどこにもつながっていない人たちがどこでどうなっているのかわかっていません。行政もつかんでいません。だから、もっと大変なことがあるだろうと想定されます。こういうところのためにも、今回出された個人情報からつながった支援を、早く他の市町村にも何らかのかたちで、つなげていきたいと思っています。

デイさぽーと　ぴーなっつ

手がかりをたよりに障害者を捜す

被災地障がい者センターいわて　二〇一一年度活動報告

東北関東大震災障害者救援本部では、岩手・宮城・福島県に被災地障がい者センターを立ち上げました。手探りの障害者救援活動がどんなものだったのかをセンターいわての活動記録から取り上げました。

二〇一一年春

◆手がかりを求めて

震災から数か月しか経ていない四月、五月のいわての沿岸部は、まだ爪痕が生々しく凄まじい光景が広がっていました。瓦礫の中に立ち尽くす人々、黙々と遺体捜索をする自衛隊員、一帯が死の気配に覆われていました。その瓦礫の町で、どうやったら支援を必要としている障害者に出会えるのか手がかりを求めて歩きました。

市役所や町役場の災害対策本部・障害福祉課・病院・保健所・社会福祉協議会・災害ボランティアセンターなどを訪ねました。しかしどこもまだ騒然としていて、あちこちまわった割には得られた情報はあまり多くはありませんでした。

特に在宅障害者についての情報は、個人情報保護の縛りがあるため、ほとんど教えてもらえない状況でした。それでも避難所や障害福祉サービス事業所の一覧・障害者の安否確認に動いているキーパーソン的な人物の情報などをもとに現場をまわりました。

しかし、現場をまわるのは県外ボランティアで、これまでその地にほとんど縁のない人間です。津波で地形が変わり、目印となる建物もさらわれているので、地図も役に立ちません。そこで活躍したのが、車のナビゲーションシステムでした。もちろんナビを使っても、道が崩れていて通行止めだったり、行った先が全壊していたりと、途方にくれることが多々ありました。

◆避難所まわり

避難所となっているのは、たいてい学校の体育館や公民館などでした。まず受付で被災した障害者の支援をしていることを伝え、チラシの掲示の許可をもらい、避難者の中に障害のある方がいるかどうかを尋ねました。

しかし、すでに福祉避難所や内陸の施設や病院・親戚の家などに移っていて、なかなか出会えませんでした。特に車いすを利用している方の姿は見えず、身体障害でも比較的軽度か、視覚障害や聴覚障害などご自分で移動できる方、知的・精神・発達障害の方たちでした。外見からわかりにくい障害の方は、受付で把握されていなくても、保健師さんから話を聞き、当事者につなげていただくようにしました。ただ、周囲に障害を隠している場合には迂闊《うかつ》に声をかけるわけにもいきませんでした。

避難所の中はたいてい通路だけをあけて、床一面に布団が敷かれていて、その布団の上だけが個人のスペースとなっていました。プライバシーもなければ、暖房も十分でない過酷な状況の中で、皆さん助け合って忍耐強く過ごしていました。

「人に迷惑をかけないように」とか「障害者は家族が世話をするものだ」という意識からか、家族が疲れていても助けを求めず、「大丈夫」と我慢しているように思えました。同様に「家族が面倒をみられないのなら、施設に」と、災害時においても障害者は施設か病院に行くのが当然という考えで、避難所の環境を変えて、いっしょに過ごそうという意識にはなりにくいようでした。

環境を変えてもらえるよう頼んでも、「この非常時に障害者も健常者もない」、「みんな大変なのだから、障害者だけ特別扱いはできない」と言われてしまうことがあり、結局、障害者が避難所を出て行かざるを得ない状況になることが多いようでした。

一方、障害者と健常者が共に避難所で過ごすうち、避難者の間に障害者への協力態勢が生まれ、避難所を出た後でも、その関係が続いていくようなところもありました。そこは周囲が浸水して陸の孤島のようになっている避難所だったので、障害者が別の場所に移ろうにも移れない状況でした。

避難生活は、障害者と健常者が密に時間や場を共有する貴重な機会でもあると思います。そこから共に生きる工夫が生まれる可能性があります。障害者は福祉避難所へ行くのが当然という考え方からは、生まれる工夫も生まれません。福祉避難所は選択肢の一つにとどめて、基本的には障害者と健常者が共に避難することを前提とした避難所が整備されることが必要だと思いました。

◆施設まわり

避難所をまわる一方で、障害福祉サービス事業所をまわりました。岩手県沿岸部の入所施設はたいてい山間部にあって、津波の被害から免れていました。海の近くにあった建物が全壊した入所施設では、高台にあった元ホテルで職員と入所者が集団で避難生活を送っていました。すでに、ここはマスコミで報道されたりして、公的な支援も含めて多くの支援が寄せられていました。山間部にあったところでも、揺れや地盤沈下で半壊し、居住スペースが減り、四人部屋が六人になるなどの影響がありましたが、発電機も食料のストックもあったようです。人里離れた、しかも大規模という旧態依然の施設が、今回の災害に強かったという皮肉な現実が垣間見えました。

在宅の障害者を捜すためには、通所施設を訪ねました。建物が全壊して、活動を停止している所もありましたが、建物が残り、活動を再開している場合は、被災状況をお聞きしました。「震災直後は不眠不休で大変だったが、だいぶ落ち着いてきた」そうですが、職員や利用者の中にはいまだに安否確認が取れていない方もいて、気丈に精一杯働いているのだと思いました。

避難所から通っていた利用者もいたが、避難所にいられなくなって、今は自宅から通っている、という話も聞きました。炊飯器や作業着など施設で使うもの、医療や食料など個人で使うための物資の依頼や、建物の修繕やリフォームなどの依頼を受けました。

◆顔の見える支援

あちこちでチラシを配った成果か、情報がセンターに寄せられるようになってきました。保健師や相談支援専門員など現地で出会った方々、そしてご本人や家族からでした。センターでは支援依頼が入ったときは、まず一度ご本人にお会いして、直接ニーズやお話を伺います。「顔の見える支援」を大事にしたからです。

「顔が見える」ということは人と人とが出会うわけですから、当然関係性が生まれ、そこから新たなニーズが出てくることもあります。こうして出会った結果、その後継続して支援ができ、家族ぐるみのお付き合いになっていったことも少なくありません。

◆仮設まわり

その年の四月下旬からようやく応急仮設住宅が建ってきました。そこで五月ぐらいから他の支援と並行して、仮設住宅の訪問調査をすることにしました。仮設住宅は既存の建物を利用した避難所と違って、新たに整地した土地に立てられていて、ナビを使ってもなかなかたどり着けない状況でした。

仮設ではスロープの有無を見て、チラシを掲示板に貼り、一軒一軒ポスティングしながら、「障害のある方を見かけないか」を聞きました。玄関先に杖や車いすがあるお宅は特に注意しました。仮設では、話に聞いていたけれど、避難所で出会わなかった方に出会いました。やはり病院や福祉避難所や親戚宅に避難しておられました。

困っていることを伺うと、通院や買い物などの移動と部屋の段差やお風呂やトイレなどが使えないなど、仮設の住みにくさを訴えてきました。

多くの方が心待ちにしていた仮設住宅は、出来上がってみると、狭くて段差のあるバリアだらけの住宅でした。皮肉なことに、いろんな団体からの支援で大きな冷蔵庫や洗濯機が置かれ、ますます狭くなって車いすが通れなくなっていました。スロープもありませんし、トイレや浴室も利用できない不便な生活を強いられていました。ご自分で県に交渉して改修された方は稀で、困った状態のままの方がほとんどでした。

二〇一一年夏

◆被災者支援と被災地支援と

八月に入るとボランティアが派遣され始め、個別支援が始まりました。寄せられるニーズも段々と変化してきて、物資の依頼とともに家具がほしいとか買い物に行きたいとか、通院や見守りなど生活に関することが目立ってきました。またお金に困っている、思うように外出ができない、通所やショートステイのサービスを利用したいが、合うところが見つからないなど、震災が原因の問題というより、震災以前からあった問題が浮き彫りになってきていました。また、被災はしていないけれど、震災以前から利用していたサービス提供施設が被災したことで、二次的に困った状況になっている方との関わりも出てきました。こうなってくると、何をもって「被災障害者支援」とするのか話し合う必要が出てきました。

物資についても、電子辞書、CDラジカセ、ゲーム機など必要なものというより、欲しいものというように変わってきました。その背景には被災したゆえの経済的不安があるので、どこまで支援したらよいのか判断に迷うことも出てきました。物資支援・サービス支援については「ここまで被災者支援だ」という明確な線引きはできませんでした。

しかし、当事者が抱える問題が生活に関することならば、とりあえずのニーズを満たすその場限りの支援でなく、長い目でみて障害者が地域で思うように生きていけるように「生活の場である地域とつながった支援」が必要なようだということです。

そこで、なるべく地域の支援員さんと連携を取ったり、福祉機器は市町村に申請したりするなど、できるだけ地域の力を活用しながら支援するように心がけました。その中でぶち当たった壁は、もともとの在宅福祉のサービスの脆弱さでした。震災でストップしたというより、もともと地域に不足していたサービスで、地域につなごうにもつなぐ先がない状態でした。

救援本部が被災地から退いた時に、以前と同じような不便な状態に戻るようであったら、当事者にとってつらいことです。日々の支援を丁寧に行いながらも地域の福祉サービスの向上を目指す「被災地支援」の意識を持ち、地域へバトンタッチできるようにしていくことも大きな課題だとあらためて認識しました。

◆障害当事者派遣プロジェクトをしよう

障害者は施設に入るか家族が見るのが当たり前という風潮がある地域で、障害があっても地域で普通に生きていくことができる社会となるように働きかけるには、どうしたって地元の人々の力、そして障害当事者の力が必要になってきます。そこから障害当事者がボランティアで被災地に入るという「障害当事者派遣プロジェクト」が始まりました。

そして六月下旬、兵庫県西宮のメインストリーム協会から第一陣の当事者ボランティアが派遣されました。センターいわての活動は今までと違う色を帯びてきました。当事者ボランティアが仮設の現状を見たあと、県庁で仮設のバリアフリーを訴える活動や、自立生活を望んでいる方や関心のある方へのピアカウンセリング的な活動が多くなりま

当事者派遣プロジェクト（メインストリーム協会）

した。

障害者が地域で暮らしていくことを伝えるには、健常者が言葉を尽くして伝えるよりも、当事者が自分らしく生きているその身をさらしていくほうがはるかに大きな力があります。当事者ボランティアはこんな生き方もあるんだよと沿岸地域の当事者に新たな可能性を知らせ、地域の住民には障害者の存在をアピールできた貴重な機会でした。

二〇一一年秋

◆お盆がすぎて、被災地の空気が変わる

お盆を過ぎたあたりから、被災地の空気が変わってきたように思います。ほとんどの避難所が閉鎖し、自衛隊も撤退し、パトカーなど警察の車両も少なくなってきました。非日常から日常に変わっていくそんな雰囲気がありました。

そして、お盆を過ぎたとたん、まだ夏だというのに時折冷たい風が吹くようになって、いずれ来る岩手の冬を意識しないわけにはいきませんでした。雪深くなったら、沿岸部への移動が難しいことや、地域に根ざした活動をするには沿岸部にセンターをおいたほうがいいとの考えから、盛岡から宮古市内への移転が急がれました。

◆心と体のケア

非日常が日常へと変わり、冬への準備が始まりました。生活用品の物資依頼は終了していましたが、季節が変わるので、あらためて冬服や暖房器具などのニーズを聞いてまわることにしました。全国各地から被災者へのプレゼントも届いていましたので、それも合わせて届けました。

そうしてつながってきた方々を訪ねてみると、皆さん精神的にも肉体的にも疲れが出てきているようでした。ご本人や家族が体調を崩して病院に通ったり、入院していたり、精神的に不安定で涙が止まらなくなる方もいました。堰を切ったように震災当時の話を語る方もおられました。

そういう場面に出合うたび、なんらかの心のケアの必要性を感じました。専門家のケアを依頼し、支援していただきました。地域の相談支援員にも連絡し、本人が了承される範囲で情報を共有し、双方で見守りました。

もちろん心のケアは、専門家のものだけとは限りません。仮設でひとり暮らしをしておられるお年寄りに、大分の小学校からの手作り味噌玉とメッセージをお届けすると、「味噌汁で心も体もあたたまる」とおっしゃっていました。一方、支援する側にも疲れがたまってきて、体調を崩す者が出てきました。

◆仮設のバリアフリー化を求めて

仮設まわりのころから懸案となっているのが、仮設のバリアフリー改修の件でした。仮設にお住まいの方の窮状を知り、仮設に改修について県庁に出向きました。県の土木課では、仮設は急ぐことを中心に考えていたので、バリアフリーの問題に気がまわらなかったと改修の許可が出ましたが、費用の負担については検討課題でした。

一方、バリアフリー仮設に住む方から、仮設の住みにくさを訴える電話が入りました。入居してみると、バリアフリーとは名ばかりで、あちこち段差などのバリアだらけで困っておられました。

これらの改修について、何度も何度も県の関係部署に足を運び、やっと市町村に通達されたのが、十月になってからでした。しかし受諾できない市町村もあり、結局、受付は市町村、現地調査や発注などは県が担当することになりました。そうして、ようやく岩手県内の仮設住宅のバリアフリー化が国庫負担でできるようになったのは一月末でした。

建ててしまったものの改修がこんなに難しいのなら、どうして建てる前に障害当事者の意見が考慮・検討されなかったのかと残念でなりません。次の恒久住宅建設の際には必ず当事者の視点が取り入れられるよう、声をあげていかなければと思います。

◆そして、冬到来

被災地ではまだまだ瓦礫が残っていたり、壊れたままの建物が残っていたり、復興が手つかずの所も多いのですが、ボランティアの数はめっきりと減り、支援物資の配布もなくなっていました。被災者の方からは、「忘れないでほしい」という声が聞かれるようになりました。

そんな状況でしたから、つながりのある当事者のお宅のそばを通ったときに顔を出すと、とても喜んでくれて、「忘れないで、また寄ってちょうだい」と言われました。この冬の時期には、ただ顔を出して、「覚えていますよ。見てますよ」とメッセージを伝えるのも必要なことと思いました。

仮設住宅の冬は、外断熱工事や玄関先の風除室の設置もすみ、暖房器具も配られて、一応、冬支度が終わったようでした。しかし、玄関の引き戸が凍って開かないとか、部屋の結露がひどいとか、狭い部屋で暖房器具が危険だとか、冬ならではの問題があちこちに起きていました。雪かきやストーブに灯油を入れる作業など、障害者にとって難しい冬の作業も多く、ヘルパーがいなくなる日曜日が困るとの相談が寄せられました。

◆地域とつながる――センターを「いわて」から「みやこ」に

二月に入り、活動を沿岸部に移していたので、宮古の事務所を「被災地障がい者センターみやこ」としました。しかし、ようやくできた沿岸部の拠点をどうやって活かしていくのか、はっきりとしたイメージをつかみかねていました。ちょうどそのころ、宮古市内の障害者の仮設入居状況の情報が入り、出会えていない方がまだかなりいることがわかりました。そこで新たな出会いを期待し、また宮古の事務所を広く知ってもらうため、チラシのポスティングをしました。

被災地障がい者センターみやこの事務所は、もともと商店街の一角という立地でした。棚に支援物資を置いたこともあって、買い物客が立ち寄ってくれるようになりました。近くの通所サービスに通う知的障害や精神障害の方々も立ち寄ってくれ、センターはにわかに活気づいてきました。

以前から支援でつながっていた方々が顔を出してくれ、お茶を飲みながら避難生活のことを話してくれました。事務所に来て過ごしていただき、地元ならではのサービスができるようにもなりました。また、ポスティングしたチラシからの連絡も入るようになり、月に一度の交流会を開くことになりました。

被災地障がい者センターみやこが、気軽に立ち寄って、ほっとして行けるようなそんな交流の場になるといいなあと思います（二〇一五年三月閉館）。

「避難する・避難しない」

福島県　福島市　中手聖一《なかてせいいち》（ＩＬセンター福島元職員）

被災時、中手さんはＮＰＯ法人ＩＬ（Independent Living「自立生活」）センター福島の職員でした。また被災時から福島の市民グループ「子どもたちを放射能から守る福島ネットワーク」代表を担っておられました。本稿は、二〇一二年三月、郡山で行われた「障がいを持つ人の東日本大震災」での報告をまとめたものです。現在は、札幌に家族とともに移住しておられます。

放射能・放射線に関する情報格差

まずは、そのとき何が起きたのかから話したいと思っています。福島市でも地震で確か震度六強だったかと思います。たいへんな揺れがありましたが、幸いなことに、揺れの質なのか地盤の違いなのか、福島県内の中通りの中でもわりと被害は少ないほうでした。私の家などは古い借家で、土壁で瓦屋根の、中越地震でつぶれた典型的なパターンの家ですが、壁が落ちたり屋内のものが倒れたりはしても、建物はそのまま残っています。その意味では揺れの被害自体は非常に少なかったのです。

ＩＬセンター福島は、幸い五、六年前に建てたばかりの建物だったので、わりと丈夫なようです。地域の障害者の方が、夕方ごろから十人くらい集まって来ました。なぜかといいますと、皆さんそんなに最新の耐震性をもった家に住んでいないからです。

たとえば、生活保護を受けていて、鉄筋コンクリートのマンションに住んでいるという人はまずいないのです。そうすると、余震で怖くてしようがなく、家にいても落ち着かない、と眠れないということです。いわば、うちのセンターが臨時の避難先になっていたわけです。十数人が健常のスタッフが持ってきた寝袋で、会議室やカフェに泊まることもありました。また、情報自体が入らないこともありました。その情報格差が実際には大きかったと思っています。

きょう、私がお話しする一つのテーマである放射能、放射線のことに関しては、本当に一般でも情報がありませんでした。ようやくインターネットが通じるようになったのは何日か後でした。通じるようになれば、ある程度、いろいろな意見を聞くことができるわけですが、そういったネット環境がない方にとっては、ずっと不安なまま過ごさざるを得なかったということになります。

停電もじつは福島市は少ないほうで、ポイント、ポイントで停電していた所があるくらいでした。電気は通じましたから、エアコンで暖房がとれていました。ただ、エアコンを回していいかという話です。三月十五日以降は放射線のガスが充満する状態になっていたというのを知っている人はほとんどいませんでした。

そういう所で、私も実際にセンターのエアコンがどういう構造かわからなかったため、つながらない電話を何度も何度もかけて、ようやくメーカーに連絡がつきました。「エアコンをつけて、外気は入らないのか」と言いましたところ、窓口の方も「ちょっとお待ちください」と。「待ちますから、電話は切らないで」（一度切ると、もうつながらないため）、そして電話口まで設計者の方が来て、「どういうタイプですか」とか、「こういうのはOKです」とか教えてくれました。それから、「ほかのメーカーのエアコンもあるのですが」と言うと、「では、こうやってテストしてください」ということで、外気を取り込むか否かを教えてもらい、ようやくわかったのです。

それから、こんどはその情報を口コミで各地域の障害者の家に伝えていくと、「こうやって操作をする」、「この切り替えボタンで、換気が出ないものは、ほぼ間違いなく外気は取り込まない」などということを、かえって教えてもらったりしました。こうした情報にどれだけアクセスできているかでも、ずいぶん身を守れるか否かに差が出たという気がします。

中手聖一さん（シンポジウムにて）

リスクをしっかりと伝えることから

そして一か月くらいは、外出の支援などはストップしました。県が不要不急の外出は控えるようにと言ってくれたから、まだよかったかなと思います。実際、ガソリンもなくて外出できなかったのですが、本当に緊急といいますか、病院以外はストップしました。あと介助をするスタッフの人たちにも、今は外に出ることは問題だとお話をしながら、まさに自己決定をしざるを得ないことがずいぶんありました。そういうリスクをしっかりと伝えていくことしかできない、と思いました。

ある訪問看護の事業者さんから問い合わせがありました。（後に避難区域、居住禁止区域になった）川俣町山木屋地区の利用者さんのところに、スタッフを派遣していいのかというものです。法的な考え方を若干整備して、まずは事実を隠して仕事だということで業務に出すのは絶対だめであり、実情をわかる範囲でしっかりと教えるようにと伝えました。そのうえで本人が「自分は申し訳ないけれど、遠慮したい」と言うのであれば、その選択を尊重し、実情を理解したうえで、「自分から行きましょう」と言うのであれば派遣する。プロセスを踏むことが大事であると伝えたりもしました。それはうちのスタッフに対しても同じでした。そのように復旧までの一か月間はドタバタやってきました。

福島全域に放射能の被害が

そこから数か月、六月くらいになって、だんだんと福島全域的に、放射能のダメージが明らかになってきました。うちの会員からは、当初は、重度の障害者がひとりと、介助のスタッフがひとり避難したくらいでした。また、たまたま東京で被災して戻りようがなくなった介助者がひとりいました。たしか五月はそのくらいでした。そんな状況でしたが、六月以降ここに本当にとどまっていてよいのかという地域的な問題が課題になってきました。

ここにおられる方はほとんどご存じでしょうが、警戒区域の二〇キロの中でも、ダメージの受け方はいろいろと違うのです。あれは予防的に立ち入り禁止にしているだけです。結果としてではなくて、まだどうなるかわからないので、ここから先は入らないようにというのが、警戒区域という避難の仕方です。実際には、二〇キロ圏内以上に放射能のダメージ、汚染されている所が中通りでたくさん見つかっています。その有名な場所のひとつが私たちのセンターがある福島市渡利です。そんな中通りの汚染されたど真ん中にいるということもあって、たくさんの障害者のメンバー、仲間たち、介助などで支援している健常者の仲間たちが、ここにとどまっていてよいのか、と考えました。そこに全く無頓着で、考えなかったという人はいないといってもよいくらいです。

自己決定の大切さ

私は自立生活センターという活動をいっしょにやらせていただくなかで、自己決定というものの大切さをつくづく感じています。そして、自己決定は自助努力によってやらなければならないこともよくわかっています。自己決定、それぞれの選択に基づく生き方は、社会がしっかりと保障していくものであるという考え方も学んできました。ところが、私たちの住む中通りの場合、この放射能避難の問題はすべてが自助努力なのです。先ほど言った警戒区域や、そののち追加された計画的避難区域、いわゆる居住禁止区域は、原則強制的に避難させられ、補償もあります。けれども、それ以外のエリアは全くの自助努力なのです。

じつは、とどまる者、離れる者というお互い割り切れない思いは、ひとつには作られてきたものであるという側面が少なからずあると思います。私たちは選択をする自由が本当にあるのかというと、少なくとも現状ではあると言えないだろうと思うのです。いわゆる自主避難という人たちに対しては、「いや、だれも足を引っ張ったりしていないよ」、「つなぎとめておくわけではないよ」、「移動の自由はだれも邪魔していないはずだ」と言うかもしれません。実際としては、避難できるためには、本人の自覚や努力だけでなくて、環境がそれを許すというのもあると思います。

避難する権利の確立

また、おそらく障害を持つ方々が避難している割合は低いはずです。健常者、障害のない人以上に避難のためのハードルは高いと思います。

釈迦に説法ではありますが、施設福祉中心の時代に、だれもが「施設にひもで縛ってはいないよ。自分で出て行ったらいいのではありませんか」と言っていました。本当に選択の自由があったと言えるのでしょうか。施設にいれば二十四時間介助体制があり、地域に出たらボランティアを探さなければいけないという状況は、決して対等に選択できる環境ではなかったと思います。

同じように、今回も対等に選択ができるものとして、避難の権利確立が必要なのではないかと思います。中でも、障害を持った人たちの避難の権利が実現していかない限り、少なくとも障害を持たない人たちと平等に解決には向かっていかないでしょう。人材不足といった二次被害がこれからどんどん広がっていくのではないかと思います。

きょう震災一年ということでひとつ私が思っているのは、よくがんばってきたなということです。支援センターふくしまもすでに、障害者の避難でがんばっていますし、私の団体が加盟している全国自立生活センター協議会も初期の段階から、障害を持つ人たちの避難を積極的に支援しています。

少々語弊があるかもしれませんが、意識が非常に遅れていると言われる福島県で、障害を持った当事者がこうした取り組みをしてきたこと、そしてここまでこぎつけてきたことは、胸を張ってよいのではないかと私は思っています。

今回の震災を通じて、全国の仲間たちともより一層つながりが深くなりましたし、これをもとに、これから長い取り組みになる放射能のことをやっていけたらいいなと思います。そして本当に、障害者の権利をしっかり実現していくように進みたいと願っています。

「復興だ！　復興だ！」と言われて、「福祉など、それどころではない」みたいな風潮が作られがちです。津波に流されたコンクリートの建物が復興するということなら、だれにでもわかるでしょう。けれども、そこにだれも住んでいなければ、復興ではないはずです。命と暮らしを復興していくというときに、私は、障害者の今置かれているところがとても大事なのではないかと思っています。

健常者の私が口はばったいことを言いますが、放射能問題には、さらに差別の問題が出てきます。差別とどう向き合い、これをどうなくしていくのか。私たちがそれこそリーダーシップをとっていくという気持ちでいいのではないかと思っています。

札幌に自主避難した若い女性がおられます。もともと郡山の方ですが、未婚の女性の会を作って活動しておられます。子どもたちの放射能被害は確かに大きいけれども、これから子どもを産む私たちともつながり合いましょう、とやっています。私は先日、札幌の障害者で差別問題に取り組んでいる方を紹介してください、と相談されました。ぜひそういう方々から学びたいのです、と。私はもうとてもうれしくて、思わずガッツポーズをして、「任しとけ！」と言ってしまいました。本当にこのエピソードひとつをとってみても、福島の障害当事者がこれから果たしていく役割を考えるきっかけになるのではないかと、ひと言だけ述べて終わりたいと思います。

障害当事者が被災地の障害者を支援する

兵庫県　西宮市　藤原勝也《ふじわらかつや》（メインストリーム協会）

藤原さんは、兵庫県西宮市で人工呼吸器を二十四時間使用しながら自立生活をしている筋ジストロフィーの重度障害者です。障害当事者派遣プロジェクトに参加し、被災地に支援に入られた障害当事者です。その時の様子を書いていただきました。

当事者派遣プロジェクト

岩手県の沿岸部はもともと自立している障害者が少なく、入居施設か家族といっしょに住んでいる人がほとんどのようで、障害者を街で見かけることがあまりありません。そのため、地震が起こってから、どこでどのくらいの障害者が被災していて、さらにどんな支援を必要としているのかを把握することが難しい状況でした。その状況を変え、被災された障害者の支援のために、東北関東大震災障害者救援本部（以下、救援本部）が東京に立ち上がりました。

二〇一一年五月に救援本部のメンバーが被災地障がい者センターいわてを訪問した時に、障害当事

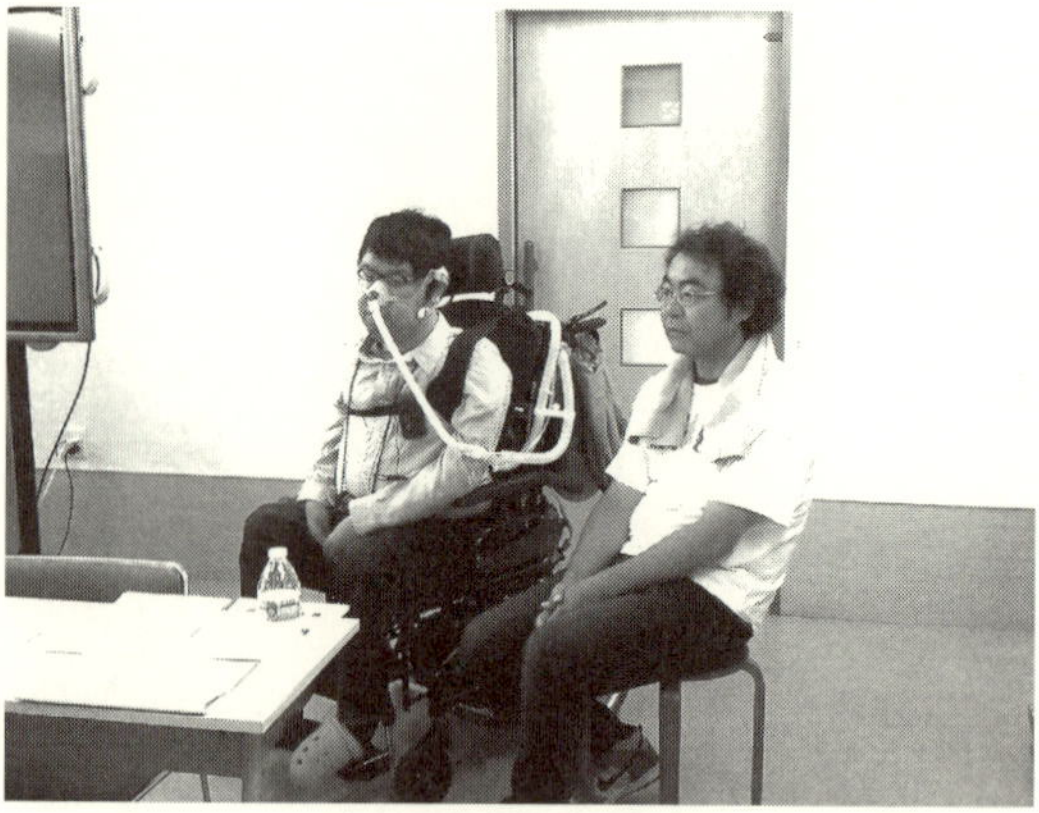

藤原さん（左）

者を派遣してほしいという要請があり、救援本部と朝日新聞厚生文化事業団が主催し、被災地（岩手県）に障害者を派遣するプログラムが始まりました。

障害当事者の役割は、被災障害者のニーズを聞いたり、自立生活の話をしたりして、被災障害者が立ち直っていくことをサポートすることでした。二〇一一年六月から二〇一二年九月までの間、メインストリーム協会（兵庫県西宮市）と自立生活夢宙センター（大阪府大阪市）を中心として、約二五組が全国から派遣されました。

私は被災地障がい者センターいわてへ、二〇一一年七月九日から十六日まで行きました。被災地センターの活動は、支援物資やサービス（移送、介助等）の提供が主でしたが、救援活動の中に障害当事者による当事者支援を特にピアサポート活動として位置づけられることになりました。被災地センターのスタッフの多くはＣＩＬ（自立生活センター）にあまり関わったことがない人で、当事者の活動の大切さを実際の活動を通して感じてもらう必要がありました。

ほぼ毎日車で片道三時間かけて、沿岸部の被災障害者の暮らす仮設住宅や自宅等を訪問しました。岩手県の地理関係を説明すると、盛岡市がある内陸部と沿岸部の間には険しい北上山地があり、一〇

○キロ以上に及ぶ山道を越えなければなりません。そこでの活動は、同じ障害者の立場から様々な相談を聞いたり、自立生活の話をしたりすることでした。

活動内容

当事者プロジェクトの活動内容は、おもに支援活動とピアサポート活動の二つに分けることができます。前者は、避難所や仮設住宅、自宅で生活している障害者への物資提供や人的支援（見守り、介助、移送等）などです。また、地元の社会福祉協議会や支援団体等につなげていくことも大切な活動となります。後者は、障害当事者が障害者を支援する活動です。生活に関わる様々な相談を聞き、アドバイスしたり、自立生活の話をしたりします。まさにこの活動は、自立生活センターでの障害当事者の役割と同じです。そのほか、仮設住宅の調査（スロープの設置状況、集会所の有無、障害者の入居状況、住宅改修の相談等）を行いました。また、イベント等の開催の準備を側面的にサポートしたり、イベント参加者を盛り上げたりして、今後の地元の活動のモデルとなるような役割もとても重要です。

一日の最後の全体報告会議では、その日の活動報告を行い、今後の個別支援の方針を決定しました。そして、週一回は事務局会議を行い、今後のセンター全体の活動の方針を決めました。物的、人的支援活動をやり続けるには限界があり、地元の支援体制が整っていくのに合わせて地元につなげていき、自立生活を望む人や、つなげていきたい人を中心に支援していくことになりました。自立生活に対しての支援は障害当事者がやっていく必要があり、自立生活センターが不可欠となります。その中から将来岩手県の障害当事者のリーダーが生まれてくることが最終目的です。

当初は盛岡に拠点があり、そこから沿岸部をまわっていましたが、プロジェクトの二年目以降は、沿岸部の宮古市に被災地障がい者センターみやこを設立し、当事者活動を展開しました。宮古では地元の当事者や市民がスタッフとして活動に加わりました。二〇一三年四月六日には、日中活動の場所として、NPO法人結人《ゆいっと》が設立されました。

二〇一二年、二〇一三年には「みちのくTRY」を開催しました。障害当事者の声を復興計画に反映させたり、重要な移動手段である路線バスのバリアフリー化等を訴えたりするため、宮古市田老から陸前高田市の間を野宿しながら歩きました。地元の当事者、健常者を中心に全国から集まったメンバーが一丸となり、成功させたイベントでした。

最後に

当初の目的である当事者活動のリーダーとなる人材の発掘までには至らず、課題は残りました。しかし、私は今回の取り組みはとても重要だったと考えます。震災の復興を考えたときに、短期的には資金や施設・機関、人材、法制度などの失われた社会資源、住環境等の回復が中心となりますが、長期的には障害者も社会の一員であり、障害のない人と同じく自分らしく地域生活を行う権利があるという視点から介助制度、バリアフリー等を整備すべきであると考えています。

メインストリーム協会のメンバー集合写真

また、多くの市民に障害者が地域に存在することを知ってもらう必要があります。元来障害者が地域に出ることが少なかった岩手県沿岸部で拠点ができ、全国から多くの当事者が派遣され、障害者の地域生活、権利擁護の考えを広めることができたことはとても有意義でした。

私は今回のプロジェクトは小さな一歩にすぎないかもしれないが、沿岸部が大きく変わるきっかけとなる足跡を確実に残すことができたと思っています。プロジェクトは終わりましたが、今後も必要な時はいつでも協力する姿勢で関心を持ち続けていきたいのです。

被災地で命の足を守る

宮城県　石巻市　村島弘子《むらしまひろこ》（移動支援Ｒｅｒａ代表）

二〇一四年三月、被災地の移送支援活動セミナーでの報告をまとめたものです。団体名の「レラ」とは、アイヌ語で「風」という意味です。

石巻地区へ

移動支援レラは、もともとは北海道のＮＰＯ法人ホップ障害者地域生活支援センターと社会福祉法人札幌協働福祉会が中心となって、被災地の障害者支援をメインとして二〇一一年三月十五日に石巻に入りました。

最初のころは、泥だしや倉庫整理だったり物資を運んだり、いろいろな活動をしていました。福祉車両や民間救急車を持っていたことから、移動支援の専門団体として活動することになりました。じつは、私は震災前はホップと関わりがあるわけではなく、通りすがりの押しかけボランティアで参加させていただいたのです。「フォークリフトとスキッドローラーの運転ができるから使ってください」と入らせてもらったのが、団体と関わることになったきっかけです。

最初は一週間でも一か月でもいてもらえればと言われていたのですが、気がついてみたら三年がたってしまっていました。

私たちの活動している宮城県石巻地区は、石巻市と東松島市と女川町を合わせて言います。この地区だけで宮城県全体のおよそ半分、東日本大震災の全部のおよそ三分の一である六千人の死者と行方不明者を出しているという、かなり甚大な被害に遭った地域です。車両の流失も六万台で県全体のおよそ四割です。仮設住宅は県の半数近くで百八十五か所、仮設住宅や仮設みなし住宅に入っている方たちは三万二千人です。一年前の避難生活者は三万六千人で、四千人しか変わっていないのです。

今回の震災では、高齢の方や障害のある方がとても多く犠牲となっています。亡くなられた方の人口構成を見ると、高齢者が非常に高い割合であることがわかります。死亡率で見ると、総人口が一・〇三パーセントであるのに対し、障害者は二・〇六パーセントで二倍です。宮城県に限定してみると、およそ四倍という数字が出てきています。

移動支援

レラの活動は、朝六時半にみんな集まってミーティングを行い、その日の送迎の予定を確認します。それから、いろいろな所へ送迎します。病院で終わるのを待ったりしません。終わったら連絡をもらって、その時に開いている車が行くという形で連続します。一日当たり七十～八十人。多い時で百人の方を、車八台を使って送迎しています。震災直後の緊急期の活動の仕方をまだ続けている唯一の団体と言われたりもしています。

最初の時期は、「移動に困っている人を送迎をします。車椅子対応の方はいますか。障害のある方はいらっしゃいませんか」と聞いて回るのですが、「この避難所に障害者の方はいませんよ」「歩くのに困っている方はいませんよ」と、入り口でなく、駐車場でそう言われてしまうのです。

実際にはそのようなことはありません。本当はいろんな方がいらっしゃるのです。でも、だれも把握できていませんでした。私たちは空《から》の車を抱えて、やりきれない思いをしました。避難所は運営だけでいっぱいいっぱいで、管理している方たちもそこにどういう人が避難しているのかを把握できていません。

病院で心臓の手術を受けるために避難所の前で何時間もタクシーが来るのを待っていた人、救急車で運ばれた後で避難所に帰ることになったが、持ち金がなく途中でタクシーを降ろされた人、雨の中を自衛隊の仮設風呂まで歩いて行く人、家の片づけに通いたい人、家の中に引きこもってしまった奥さんを連れ出したいご主人、避難所から小学校まで遠くて歩けない小学生とお母さん、クラスメイトの家に遊びに行きたい中学生など、いろいろな方をいろいろな目的で送迎しました。地盤沈下により、満潮の時間は道路が水浸しになってしまう所です。

気分転換にちょっと離れた所にピクニックに連れて行ってお昼をご馳走になったこともあります。

義捐金の受け取りには住んでいた小学校まで行かなくてはなりません。仮設や避難所にいる人は遠くて取りに行けないのです。だからみんな乗り合いで、車パンパンで送迎しました。そのほかにもひとり暮らしで買い物に行けない人、お墓参りに連れて行ったら震災でお墓が倒れていたので一緒に墓石を起こしたりなど、とにかくとにかくいろんな方たちを送迎しました。

　そして、時間とともに状況が変わってきました。状況によって私たちの支援のあり方も変わってきました。どのような依頼でも受けていたのは、ほかに支援する人がいない時でした。私たちの代わりに支援してくれるところができたら、そこからは手を引きました。時間や利用回数に制約をつけるようになり、活動を変えていきました。

移動支援の様子

　災害直後は、歩けようが歩けまいが、車いすであろうがなかろうがだれもが困っているのです。その時期は、実際に困っていればどんな人でも送迎していこうと考えていました。そうしているうちに、自力で生活できる人たちはレラの力を必要としなくなってきました。逆に、自分で生活できない人たちは増え続けてきたのです。利用者の層が次第に変わってくることがわかってきました。

　よく言われているのですが、「被災地は未来の縮図」だと考えています。ということは、一時的な震災の支援ではなくて、地域に持続した活動が必要になってくるのではないのかと思います。私たちは札幌の団体が支援の中心でしたが、地元への活動の引き継ぎに移っています。

二〇一一年九月、十二月には、地域住民向けに福祉車両の運転講習をやりました。そこから地域住民のなかからレラのスタッフになってくれる人が出てきました。二年目からは地域の人たちでやっていくようになりました。今は地元の人間がメインになり、外部からのボランティアを受け入れやっています。NPOの法人格を取ったのが二〇一三年二月で、運営に苦労しながらやっています。

活動を振り返って

レラのこれまでの活動をみますと、二〇一四年二月までの送迎延べ人数は六万六百三十八人、ボランティア地元スタッフの延べ人数は八千四人、一か月当たり平均送迎延べ人数千七百十七人、一日あたり平均送迎延べ人数七十九人、利用者名簿登録者数千百一人です。私たちの活動は一日十人前後です。その十人が毎日毎日積み重ねてきた数字が八千四人なのです。そこに意味があるのだと思います。

移動支援Ｒｅｒａ代表の村島弘子さん

こういう状況の中で活動していて、車の中で様々な方々から様々な声を毎日聞いています。家を建て直すことができたけど孤独になって仮設に帰りたいと思う人、仮設から出て新しい所に行ったが、移動手段がなく、レラさんがいなかったら自殺していたと言う人、仮設から出られない人、家族を失った人、今になって心を病んでいる人、皆さん本当にものすごいストレスを感じています。

災害救援のために入ってきた新しい流れによって、今まで隠されていた問題が発掘されて、それが震災の影響と合わさって今の状況になっているのだと思います。そんななかで、私たちは今後どうしていくのか、前に戻すのでなく震災前よりも住みやすい街にするために継続していく形を模索していかなくてはならないと思っています。

でも、まだ被災地です。震災の影響がたくさん残っています。なので制度に関わらない移動困難者としての被災地支援としての活動を継続していこうと考えています。

学校もバリアフリーに

宮城県　仙台市　石川雅之《いしかわまさゆき》（被災地障がい者センターみやぎ）

本稿は、被災地障がい者センターみやぎの副代表をしている石川さんが、「河北新報」（二〇一三年七月十二日号）に投書された文章です。

六月十九日、障害者差別解消法が参院本会議で全会一致で可決・成立した。一昨年に成立・施行された改正障害者基本法では、「障害の有無にもかかわらず、等しく基本的人権を享有するかけがえのない個人として尊重されるものである」と明記された。それに続いて今回、差別を禁止する法律が制定されたことで、障がい児・障がい者の尊厳が尊重される社会に一歩近づいたと言える。

障がい者差別をなくす市民活動に三十年以上取り組んできた者として、この前進をまずは喜びたい。差別解消法ができたことにより、今後の課題はこの法律を有効に活用することに移った。立法趣旨を市民も学び、今なお存在する障がい者への差別をなくしていきたいと願う。

実際、これまで障がい者に健常者と等しく人権が保障されていたとは到底言い難い。それが端的に示されたのが、一昨年の東日本大震災だった。

＊　＊　＊

現在、被災地の障がい者を支援する活動に関わっているが、あの震災における障がい者の死亡率は健常者の約二倍に上っている。多くの障がい者が災害弱者として、津波から逃げ遅れて犠牲になった。命が助かった障がい者も、さまざまな困難に見舞われた。その最たるものが、指定避難所がバリアフリー化されておらず、障がい者が避難できる場所ではなかったことだ。避難所へ行ったものの、そこでは避難生活を送れないことに気づき、やむなく引き返した障がい者も多かった。われわれが一昨年秋に実施したアンケートでは、避難所で必要な支援は建物のバリアフリー化だと回答した人が、約八〇〇人のうち一〇〇人以上もいた。

指定避難所は、地域で生活しているだれもが避難できる場でなければならない。当然、障がい者も地域社会の一員だ。非常時だからといって、障がい者の存在がないがしろにされてよいわけがない。

そして、避難所の多くは学校である。障害者基本法十六条では「可能な限り障害者である児童及び生徒が障害者でない児童および生徒と共に教育を受けられるよう配慮しなければならない」とされている。学校はさまざまな障がいのある子どもが入学する「インクルーシブ（包含）教育」の場となることを前提に、バリアフリー化されている必要がある。

＊　＊　＊

これは、単に子どもたちだけの問題ではない。学習発表会や入学式・卒業式など、さまざまな行事に児童生徒の親・きょうだい・祖父母が参加することもある。児童生徒のほかにも、障がいのある家族が訪問することも想定して、学校は設計されていなければならないのだ。

震災後にあらためて気づいたのは、学校は子どもたちが学び育つ場であるだけではなく、地域のコミュニティーセンターとしての機能も有し、災害時には避難所となることだ。それにもかかわらず、学校にバリアーがあって障がい児・障がい者のアクセスを妨げている現実がある。障がい者が生きやすくするための合理的な配慮を行政が怠っているのであり、今回成立した法律で解消されるべき対象となる障がい者差別と言わざるを得ない。

スロープ・トイレなどの設備も含めて学校をバリアフリー化していくことは、インクルーシブ教育の前提であるとともに、急務の防災対策だ。障がいがある市民を地域の仲間と認めるならば、まずは地域の学校から差別の解消を実現すべきである。

大規模災害と女性障害者

長崎圭子《ながさきけいこ》（ゆめ風基金事務局）

十九歳で交通事故に遭い障害者に。その後社会復帰を果たし、二〇〇一年から十一年間、ＮＨＫラジオ第二「ともに生きる」のキャスター兼契約ディレクターとして活躍。現在は、地震など自然災害による被災障害者支援のＮＰＯ団体ゆめ風基金にて活動中。本稿は、ゆめ風基金編『障害者市民防災提言集・東日本大災害版』（二〇一三年発行）に掲載された文章を加筆修正したものです。

三・一一当時、ＮＨＫラジオのキャスター兼ディレクターをしていた私は、「未曾有の大災害」という言葉が何度もテレビやラジオで流れるなか、今までにご出演くださった方々の安否を確認するために、ゲストリストアップ、特別番組の制作をまず行った。

後に新聞やテレビ報道で、いかに障害者があの震災を生き抜いたか、または亡くなっていったのか、あらゆる人々が検証しているが、なかなか聞こえてこないのが女性障害者の声である。

百人以上の方々にお話を伺い、震災直後、一週間後、二週間後、一か月後と時間を経るごとに課題はどんどん変化していった。一〜二か月経つと、様々な体験を、堰を切ったように語り始める人もいた。

仙台市の脳性まひの女性は、いったんは避難所に行ったものの、「障害者だけでなく、健常者だってしんどいんやから面倒かけんといて」と言われ、半壊した実家に戻ったという。

そのとき、ショックのあまり、生理がきてしまったが、同じく半壊したひとり暮らしのマンションへは危険を感じて行けない。各地から物資が輸送されてきているという報道を見て、避難所にナプキンだけでも分けてもらえないかと言うと、「これは、ここで生活する人のものだから、あんたにはあげられん」と冷たく断られたという。

そして追い討ちをかけるように、「障害あっても生理あるの？」と。

車いすのクッションにまで血が流れる。それが寒さで凍っていく。彼女はそれから数か月、生理が止まったままだったという。

原発事故後、全国で飛散放射線量を測ってはツイッターなどで発信する人を見ていて、不愉快でしょうがなかった。

妊娠二か月の自分は、どれだけ放射線にさらされているのだろう、日々その量は増えているはずだ、と不安をかきたてられる。

まだ妊娠を両親に告げていなかったが、そのことを話せば、「堕ろしなさい」の一言。自分が障害者であることを踏まえ、どんな子どもであっても産み育てると決めていたはずなのに、インターネット上に、チェルノブイリ事故後に生まれた肢体不自由児の写真や、異形の野菜、動物など、次々とアップされる写真に耐え切れなくなり、パソコンを壊した。

結局、こっそり中絶し、福島を去っていった。


これは、福島の障害者の女性の声である。過去を知る人のいない土地に行ったのではないかと、彼女からの連絡が途絶えた周囲の人は言う。

また、知的障害のある女性が行方不明になった例もあり、関東から、性産業関係の人間がやって来て、「ひとさらい」をしたのでは？　との噂が流れた。行方不明になったある知的障害女性の安否がわかったのが、ＡＶのパッケージであったという話も聞いた。家族は広範囲の捜索方法を持たず、「ひとさらい」の噂を聞いて、広い東京の繁華街を月に一回、巡回する親御さんもいたという。

平時でさえ、知的障害のある女性をだまし、売春させたり、ＡＶ業界でほぼ無給で働かせたり、性風俗産業の搾取が行われているという実態があるが、世間体を思い、周囲の人が声を出さないことから、被害実態は公になってはいない。

しかし、この瞬間にも、そういった「搾取」が行われていることを念頭において今後の支援活動のことも考えなければならない。

「ハンドクリームを避難所で分けてくれたことが何よりありがたかった」と語ったのは、脊髄損傷の女性。

冷たい体育館の床に寝ている間に、褥瘡《じょくそう》ができそうになった。マッサージをしようにも、手が凍えてできない。隣にいた見ず知らずの女性が、ハンドクリームを鞄から出し、「こういうのを使ったらどう？」と言われ、実際に塗ってくれたその手の温かさが体に残っているという。その女性は、自分の手が荒れるのも気にせず、ハンドクリームをくれた。すぐに家族と合流し、どこかの避難所に移ったので、お礼もちゃんと言えずに別れたことを悔んでいるとのこと。

女性であり、障害者であるということは、二重の苦しみを時には受ける。性的搾取などの問題は、個々で抱えるだけでは手に余る。公的機関と日ごろから連携を持って、性教育の実施も含め、一から考え直さねばならぬことも多々あるかと思う。じっくり、しかし迅速にその検証を行う時期がきているると感じている。

障害女性に暴力をふるうDV問題も発生したと聞いた。

社会的弱者である障害女性に、震災のストレスをぶつけねばならなかった人間の心の闇を責めるだけでなく、「シェルター」がいかなる場合も機能するよう、各都道府県に数か所、児童、女性、障害者の緊急避難所設置を要望する。

女性の場合、男性には言えない、細かいことが日々の生活には発生してくる。化粧品ひとつ、クリームひとつで、殺伐とした避難所生活が変わることもある。また、ナプキン・タンポン・下着の種類など、女性でないとわからないことがたくさんある。

震災発生直後、支援に行く団体には、必ず女性の同行をお願いしたい。そして、各女性障害者が抱える困難な状況を解決するささやかな品物をリストアップしておき、いざというときには、それを持って行けるよう、「女性専用バッグ」（小ぶりのボストンバッグに生理用品などを数種類ずつ買いおきしておく）、「化粧ポーチ」（鏡や化粧水、乳液などちょっとしたものを詰めたもの）、サイズ別・色違いの動きやすく気持ちが晴れるような服を常備しておくことも勧めたい。

災害発生直後、三日後、一週間後、と時間の経過とともにニーズは変わってくる。身だしなみに気を配れるようになったとき、少し安心感をどこかで得ている、という物差しにもなるのかもしれない。「こんなもの必要ない」と決して思わずに、手鏡ひとつ、クリームひとつが殺伐から潤いへと変える瞬間があるということも考えつつ、非常時に備えたい。

緊急災害支援と障害児・者、社会的援護を要する人々への対応

石川一由紀《いしかわかずゆき》（救世軍東京東海道連隊〔教区〕長、本営災害対策室）

救世軍（The Salvation Army）は、イギリスに本部を置き、現在、世界一二六の国と地域で伝道と社会福祉、医療、緊急災害支援等を行う国際的なキリスト教（プロテスタント）の教会です。石川さんは震災後、震災支援事務局長として被災地に赴かれました。

障害者支援施設との関わりを通して

「私たちに何か手伝わせてください。」

地元の方が恐る恐る声をかけてくださいました。私たちの炊き出しチームが何度か訪問し、真っ赤なキャンティーンカー〔直訳すると「水筒の車」＝炊き出しのために装備された車両〕や、救世軍のマークや文字を多くの方が目にするようになったころでした。地元でも何かできることがあるのではないかという思いに押し出されて来てくださったのですが、話を聞いてみると、彼らが早期再開をめざす未成年も含む障害者のための通所施設の資金を得るために、段ボールなどを廃棄するのであればほしい、

とのことでした。

震災前から障害者の社会参加をめざして、空き缶回収などのみならず、地域社会にも出て行ってソフトクリームの移動販売のために着々と準備していたとのことですが、震災発生とともにすべてを失ってしまったのです。

だれもが生きることに精いっぱいの極限状態にあるなかで、通所施設の再開を急がせた背景には、施設に通っていた一人一人の変化がありました。それまでは、定期的に街の中心部に映画を見に行ったり、買い物やお楽しみのために出て行ったりするチャンスがあったのに、震災後、親や周りの人はだれも何も言わないにもかかわらず、通所者たちは街に行きたいというそぶりも見せなくなったそうです。彼らはそう言いだしてはいけない「何か」を感じていたのだろうと、その施設長は振り返っておられました。被災後、仮設住宅で暮らしたり、家そのものに被害はなくても、様々な環境が変わり、特に小さな空間で過ごしたりするうちに、それまでに経験したことのないような閉塞感、ストレスが、障害児（者）本人と家族を追い込んでいく姿を目の当たりにして、震災から半年も経たないうちに、仮の施設を立ち上げておられました。

震災発生後初めの夏には、なんとかソフトクリームの販売を、仮設住宅を回って行いたいという強い意向に沿って、私たちは支援を模索しました。ここには先にも述べたとおり、震災後の障害児（者）の生き方を支えるという目的と、仮設で孤立しがちな高齢者に、各戸から出て来てほしいという願いがあることがわかりました。ソフトクリームを作る機械、冷凍庫、それを乗せる軽トラックと発電機を提供させていただき、当初は私たちのキャンティーンカーの発電機から電源を供給する支援も行いました。遠洋漁業が盛んなこの地では、現在高齢となっている方々が子どものころ、めずらしい外国製品や食べ物も街にあったとのことで、特にソフトクリームは子ども時代の思い出だったというので、かき氷やアイスキャンディではなく、これが一番だという確信があったとのことです。

　案の定、仮設では多くの高齢者が足を運んでくださり、販売に携わった障害児（者）もとても生き生きとしている姿がありました。ソフトクリームを買いに来た方にも、「自分で作ってみる」というサービスもあり、「小さいころ、いっぺん自分で作ってみたかった……」と言いながら満足しておられる方もいました。実際に、子どもたちよりも、高齢者のほうが目を輝かせていました。

キャンティーンカー。日本の災害地の狭い道路でも対応できるため、2トン車だが、10キロの米を20分で炊き上げる自衛隊と同じ石油釜2基と自家発電機を搭載している。簡単なメニュー（牛丼、煮込みうどん、中華丼、ラーメンなど）であれば、1回に500食程度の提供が可能。

　ここで、発電機による電源の供給など販売支援に携わった救世軍側のスタッフは、施設長がこの時期に販売を開始した第三の理由を知ることになります。震災後の夏と言えば、多くの支援が行われ、炊き出し、物資支援も盛んに行われていました。これから書くことは、実際にそこにあった現実です。興味をもって寄って来た子どもたちの中に、有料で販売されているソフトクリームに違和感を抱いた子がいたのです。仮設に物資が届いたら、ただで配布されるはずなのに、なぜお金を払うのか。小さな声で「私が全部タダでもらってやるから。そこでまってな……」と言うのを、何気なく聞いていたスタッフがいました。もちろん、この子たちの願いはかないませんでした。このままでは、障害者どころか、すべての人が自分の力で立ち上がれない地域になってしまうという危機感。対価を払わなければ、ものを手に入れることができないという当たり前のことを思い出してほしい。子どもたちが買い物をする場所がほとんど再開していないその時期に、生活するということは何を意味しているかを知ってほしいという、地域と将来を考える施設長の強い願いを感じました。

販売員として様々な役割分担をしている側の障害児（者）たちは、私自身も会うたびに生き生きしてくるのを感じました。そして、障害を持ちながら生きようとする人々のニーズは何か、支援する側はそのニーズをどのように発見し対応するのか、様々な隠れたニーズが顕在化しないなかで、深く考えさせられた震災後初めての夏となりました。

みなし仮設への支援を通して

震災の起きた沿岸部を訪ねると、ほとんどは海と山が迫り、その間のわずかの平地を利用して生活の場とされており、仮設住宅の建設用地の確保も思うに任せないことは容易に理解できました。こうしたなか、行政の保有している公営住宅、官舎が提供されたり、民間のアパートやマンションを行政が借り上げて提供したりする、いわゆる「みなし仮設」への入居も図られました。

二〇一一年の夏に向けては、避難所の熱中症、食中毒対策が大きな問題となり、秋口になると、冬対策が叫ばれるようになりました。震災は三月に起きましたが、被災者にとっても、支援者にとっても厳しい寒さとの闘いがありました。

原発事故直後に訪ねた福島県の東北自動車道沿いのある町では、原発事故発生地域から避難して来る住民への被曝量検査があわただしく行われており、避難所が足りない事態が発生していました。私たちは食料品や日用品を、これから避難所にするという場所に届けるために向かいました。そこはサッカーコート一面にも匹敵するような大型テントで、土の上に直接ビニールシートが敷かれ、設置されていたストーブは片手で数えられるほどでした。一時的であれ、ここに高齢者や障害のある方々がどのように過ごすのか、考えただけでも心痛みました。

震災後初めての本格的な冬の到来に備え、行政やNPO、NGO、企業等の支援により、避難所と、建設された仮設住宅への冬対策は着々と行われました。こうしたなかで、みなし仮設へはほとんど対策が取られていないとの叫びが、行政にも、支援団体にも聞かれるようになりました。私たちは、他の団体と協力して、みなし仮設に入居している方々への暖房器具、生活家電等の支援を行いました。宮城県内だけでも十七の市町、福島県では全国に避難しているみなし仮設入居者に向けての支援となりました。

ここで、障害を持つ方の厳しい現状を聞くことになりました。

暖房器具等をお届けする先は、個人情報保護法の下に支援団体には一切明かされませんでした。市町単位で調査を行い、ハガキで本人に意思確認を行い、物資は行政と個人情報保護契約を結んだ業者によって配送されます。配送先がどんな人であって、どんな必要があってその人たちが選ばれたのか、私たちには知る由もありませんでした。余談ではありますが、国際的資金を利用した支援を行う際には、受益者の顔が見えないことが一つの大きな障壁になることも事実です。物資の差出人として書かれている私たちの連絡先に届いたお礼状や何本かの電話を通して、みなし仮設入居者の実情を知ることとなりました。

その中でかかってきた一件のお電話についてご紹介したいと思います。二十代の障害のある子をもち、みなし仮設に住むお母さんからのお電話でした。「きょう、暖房器具を受け取りました。私たちが震災後いただいた初めての支援で、本当に感謝しています」と言われたので、「初めての支援ですか？」と言うと、少し言いよどんでから、次のように話を切り出されました。

沿岸部で被災し、家はほとんど住めない状況になり、通常であれば避難所に寝泊まりするところだけれども、息子はときどき大きな声を出し、夜中にもそうしたことがあるので、不自由をしのんで避難所暮らしをしなかったということです。次々に建てられる仮設住宅の話を聞いても、大きな声を出してしまう自分の子を連れて入居するのに困難を感じ、行政がみなし仮設の制度を立ち上げることを聞いて、真っ先に申し込んだのでした。内陸部の集合住宅の一室に落ち着いたものの、だれかが訪ねてくれるわけでもなく、これといった支援もなかったとのことです。もちろん、みなし仮設といえども、日本赤十字社が支援する家電六点セットが提供されるなど、全くなかったわけではありません。けれども、新たに建設された、少なくとも数十軒が一か所で暮らす仮設住宅に入居した知り合いと連絡を取ると、毎日のように支援物資が届き、様々なイベントが行われているとのこと。「こちらには何も届いていない」と言うと、あまりにも意外な言葉が返ってきたそうです。

「あんたはいいじゃない。私たちと違ってお金たくさんあるんでしょう。いいわよね。立派なマンションに住んでるって聞いたわよ……。」

みなし仮設、行政による借り上げ住宅の制度については、始まったばかりで周知されていなかった時期ではあるにしても、多くの人の迷惑にならないように精いっぱいの配慮から、ここを選択したのに、この言われ方には返す言葉もなかったということです。エアコンはあるにしても、この地域で冬にはストーブは欠かせません。震災の年は明け、二〇一二年の一月に入ってからいただいたこのお電話の言葉が胸に刺さりました。

みなし仮設の入居者の孤立問題、特に、これといった行政サービスを恒常的に利用するほどではないけれども、多くの人の理解を得て過ごすには難しいという方の問題については、県レベルの担当部署にもお話をしました。避難所からみなし仮設を含む仮設住宅への移行が最優先課題であったこの時期に、沿岸部の市町の住民で、個人情報に守られた方が距離の離れた内陸部で暮らすような場合、どの行政の保健師や担当者が訪問すべきなのか。この時期はまだ混乱状態にあり、行政の対応も後追いにならざるを得ない状態がありました。

実際に、サービスのあり方に関するアンケート調査などはこうした課題が見えてきた後に実施されていきました。大規模な震災の場合には、こうした対応にスピードが追いつかず、しかも、個人情報保護の観点から、支援団体によって手を伸ばすことが困難になってしまうことを痛感しました。

行政担当者との関わりを通して

震災発生当初から、炊き出しや物資支援などを手始めに、様々な支援に取り組みましたが、県レベルの行政と関係づくりができたのはかなり早い時期で、それは、私たちの運営する病院から、被災地で不足している医薬品を医師の同行のもとに届けたことに始まりました。医薬品そのものの量的な供給については、国や地方自治体などの積極的な動きもあり、私たちが届けたのは一回だけでした。

保健・福祉分野を統括する部署、災害対策本部との情報交換から、行政側の悲痛な叫びも見えてきました。震災が起きた当初、庁舎に泊まり込みで対応するなかで、お腹がすいているのに、目の前にある、いわゆるコンビニのおにぎりはのどを通らなかったそうです。一年ほど経過したなかで、関係づくりのできた行政の方に集まっていただいて、公務員に対する精神心理的、スピリチュアルな支援の可能性について聞き取りをする機会を得ました。こうしたことは日本では取り組みが難しい分野です。一時間ほどの面談を通して、最後に感想を求めたところ、「こうした機会に、私たちの話を聴いてくれたことで、胸のつかえが取れた」という言葉を多くの方からいただきました。ほかの市・町の職員と支援に関して話した時にも、精神的に追い込まれている方もおられ、障害のある人々や社会的援護を要する人々を支える人へのケアにも課題を感じました。

救世軍万国本営（国際本部・ロンドン）より緊急災害支援部（International Emergency Service）の担当者も何度か来日し、こうした折に県の担当者が炊き出しの現場を視察してくださり、このような機会に、行政側が把握しているニーズについて細かく知ることができました。震災が直接的な原因となって緊急搬送される方々とともに、人工透析が必須な方の搬送、ＡＬＳ（筋萎縮性側索硬化症）など神経難病で常に医療機器の必要な方々の電源の確保などの課題も話されました。当然、こうした機器には一時的な停電に備えてバッテリーも搭載されていますが、長期間にわたる停電は想定されていません。

発電機や車のソケットから家庭用電源（一〇〇Ｖ）に変換する装置の支援の打診もありましたが、発電機は、当時どこも売り切れで調達がかなり困難で、カーバッテリーから家庭用電源への変換器も医療機器を正しく動作させるタイプのものは、出回っている数も少なく、なおさら入手困難でした。医療関係の団体や支援者によってこれらの支援はなされていき、私たちは別のニーズに応えていくようにしましたが、スーパーや量販店であまり出回っておらず、生産数も少ないものなどについては、普段からどう備えるべきなのか考えさせられました。

社会的援護を要する人々との出会い

震災発生後、私たちがニーズの聴き取りを行い、関わりを持った人のほとんどは、私たちクリスチャンと話をするのは初めてということでした。社会的な援護を要する方々のニーズの把握については、こうした出会いを通して行うことになったのですが、地元に密着して働きが進められているNPOや教会が存在している地域にあっては、比較的ニーズの把握を行いやすかったことは事実です。

二〇〇〇年十二月に厚生省（当時）でとりまとめられた「社会的な援護を要する人々に対する社会福祉のあり方に関する検討会」報告書には、ボランタリズムの醸成という項目にこう書かれています。「……NPOやボランティアが地域活動に参加しやすい環境づくりの対応も必要であろう。さらに、これまで貧困などの福祉問題に取り組んできた救世軍等の民間団体の地域社会への積極的な役割を認めるとともに、これら団体がその創設の趣旨を踏まえながら、社会に潜む福祉ニーズの把握と解決に率先して取り組むことが期待される。」

東日本大震災後の救援・支援活動を通じて、改めて私たちのあり方、社会的援護を要する人々との関わり、ノーマライゼーションの取り組みと、その背景として地域社会の課題を解決し、より良い社会をめざそうとする多くの人々との連携がどれほど大切であるかということを思い知らされました。何より、今回ご紹介したいくつかの事例を通して、私たちが地域社会の一員としてどのようなあり方をすべきなのか問われ続けています。

Ⅲ　終わらない震災

中尾祐子（フリーライター）

東日本大震災のとき、障害者の人々がどのような状況に置かれたのか、を描いたDVD『逃げ遅れる人々』を見て衝撃を受けた。福島で被災、原発事故を経験した障害者の人たち、またその支援に当たった人たちの困難をはじめて知った。

「あのとき」のことはいまもまだ続いている。現地に残り支援している人、避難した人たちのその後、いまの課題は何か、四年経ち、あらためて話を聞いた。

＊　＊　＊

■白石清春《しらいしきよはる》さん〈NPO法人あいえるの会理事長・被災地障がい者支援センターふくしま代表〉

「白石さんに話を聞かないで、福島は語れない」と紹介を受けて郡山にやってきたのは冬の寒い日。白石清春さん（六十四歳）が笑顔で待っていてくれた。

白石さんは脳性マヒの障害があり、二十歳ごろから車いすで生活している。日本の障害者解放運動の真ん中を走ってきた人だ。

一九七七年に川崎バスセンターにおいて、「バス闘争」という戦いがあった。当時公共バスへの車いすを使う人たちの乗車拒否が相次ぎ、その状況を打開するために行ったものだ。抗議の意をあらわした六十名ほどの人たちがバスセンターに陣取った。その運動を行ったのが脳性まひ者による「青い芝の会」である。

白石さんも「障害者差別をなくし、ふつうの暮らしがしたい」と活動をはじめた。そのころボランティアで来ていた妻と知り合い二十九歳のときに結婚、現在は息子さんと実母の四人家族だ。

当時は秋田や相模原に住み、青い芝の活動や障害基礎年金の創設に関わる運動をしていたが、その後郡山に戻り、一九九四年に「特定非営利法人あいえるの会」(以下、あいえる)を立ち上げ、理事長になる。設立から約二十年たったあいえるは大きくなり、介助派遣、相談支援、生活介護事業と障害者の生活支援事業全般に携わっている。いまでこそ絶えず笑顔のやさしい雰囲気の白石さんだが、若いころは相当無茶だった、とご本人。なんだかとにかくすごい人なのだな、と思う。

白石さんたちの若いころ、障害者は、家の中に隔離され、隠され、また外に出たとしても段差などのバリアだらけだった。「都会でもそうだが田舎はもっとひどかった。東北では障害者は家に閉じこもっているか、あとは施設へ行くしかなかったのです。」

情けないことに、私はこの取材をするまでは、障害者施設はある程度便利でいい所、と思っていた。「それは大きな間違い」と白石さんに指摘される。「施設に入ったら座敷牢と同じ。食事、入浴、はてはトイレまで介助を必要とする人は何をするにも時間が決まっているし、自分がやりたくなくてもやらないといけない、みんなで参加しないといけない行事に行く前にはエレベーターで下に降りるために一時間前から廊下で待っていないといけない。一度にエレベーターに全員乗れないでしょ。施設ってそういう所です。」

施設では相当に過酷な扱いをされ、またそれに耐えるしかなかった時代があった。あった、と書いたが実は現在もそれは続いている。「ぼくらは施設行きではなく、また家に隠されるのでもなく、世の中、町に出て行き、そして人間らしく自立生活できるようにしたくてこの活動をしてきた。」

さて、少し地震のときのことに話を進めよう。

地震のとき、白石さんたちは郡山総合福祉センターの三階で、あいえるのワークショップの一つとして気功教室に参加していた。気功でほんわりとした気分になっていたとき、いきなり携帯の警告音が鳴り響いた。びっくりしていると、ぐらぐらと建物が揺れ始め、地震が激しくなっていった。普段あまり物事に動じない、と自分で思っていた白石さんも「これで終わりか」と青ざめたという。余震が続くなか、とにかく一階まで降りようとしたが、エレベーターは止まっているし、どうやって電動車いすと自分たちを降ろそうかと迷っていると、隣の部屋で会議をしていた人たちが出てきた。その人たちに手伝ってもらい、車いすとみんなは別々に階段を降ろしてもらった。

白石さんの自宅は無事だったが、仲間たちの家は壊れたり、いろいろなものが散乱した状態で自分の家で生活できない状態だった。ヘルパーは、ガソリンがなく利用者宅に車で行くことができなかった。家にもいられないからと三十人くらいが身体障害者福祉センターに集まっていた。はじめは一般の人も来ていたが、障害者がたくさんいたので、そこを障害者用の福祉避難所にしようということになった。

「センターにベッドを入れたり、あいえるの職員が三交代で二十四時間介助にあたりました。どうしているか心配で毎日見に行きました。みんななんとか生きていました。」

そのあと原発事故があり、逃げるにしても大勢で大変だ、と毎週集まって会議をし、避難しないという決断となった。

「避難して違う地域で一から生活するのは大変だし、住む所もわからないし、急にどうにもできない。ヘルパーさんもいないし、生活のめどが立たない、とないないづくし。職員たちの中で赤ちゃんのいる人もいたけど、また自分の家を建てたばかりという人も結局は避難しない、という選択肢をとっていました。」

三月十八日に滋賀県の同じような障害者事業所の人たち、大阪のゆめ風基金の人たちが物資を持ってきてくれ、そのとき相談し、「被災地障がい者支援センターふくしま」が立ち上がることになった。白石さんはセンターの代表となる。東京の救援本部と連携していたので、必要な物資が的確に届いた。原発事故後のため、福島でもいいと了解してくれ、一週間くらいいてくれるボランティアを募集した。ヘルパーさんも避難してしまって非常に手薄な状態だったが、全国の作業所の職員たちが大勢ボランティアで入って、一緒に働いてくれた。

そのとき昔作った、神奈川の相模原市にあるケア住宅が役立った。ちょうど入居者が入っておらず、そこを避難先にしてショートステイのような形で希望者の一時避難所に使った。

「利用したのは三人です。みんなやっぱり郡山がいいと避難したがらない。首都圏に行ったほうが便利だし、バリアフリーだし社会資源がそろっていていいのに、とぼくは思うのですけどね。」

避難してそれぞれの場で生活をはじめた人は、白石さんが把握しているのでは九人。東京では福島より倍以上の時間ヘルパーさんがついてくれ、生活を楽しんでいる人もいる。

避難所や仮設住宅を訪問し、障害者がいないか捜したが、どこにもいなかった。受付に聞いてもいないと言われる。精神障害や軽度の障害の人は一見ではわからない。だから気がついてもらえなかったのではないか、と考えた。そこで支援センターに電話をひき、相談窓口を置いて種まきをした。そのときにつながった人たちがここ（二〇一四年開設の交流サロン・しんせい）に来ている。とはいっても、家に引きこもっている人や自分の障害を隠している人もいる。だから、まずは、お茶会や映画会などに誘った。「そのうちにみんなが自分の存在意義を求めるようになり、仕事をしたいと考える人も出てきて、それで『ふたば製作所』をやることになりました。」

使用済みの封筒で「28（ふたばの意）」のデザインがかわいくていい感じのバッグ製作などをしている。「ふたば」は、原発のあった双葉町からの避難者たちが中心となって活動している。原発の賠償請求書の書き方がわからない人たちのために、東京の弁護士による勉強会などもしてきた。

「みんな自宅では何かしらやることがありました。障害があっても、家の畑で農業したり、おばあさんの手伝いで雪おろしをしたり、障害者手帳がなくてもよかったんです。彼らの居場所がありました。でも仮設で暮らしていたら、そういうことがなにもなくなってしまった。広い所に住んでいたから仮設みたいな狭い家ははじめてで。しかも、だれがとなりにいるかわからないし、行き場がなくなってしまった。手帳を持っていない人たちは行政にも要求ができませんでした。」

障害者の親たちの中には、自分の子どもが障害者であることを認めたくない人がいる。そういう家庭の場合は手帳の申請をしないことも多い。しかし、手帳がないと障害基礎年金の申請もできないし、避難先の就労支援や生活介護の事業所なども利用することができない。仮設の狭い部屋に閉じこもっているしかないという。外にも出られず、からだが動かなくなり、障害が重くなってしまうケースも多い。

二〇一一年三月十一日〜六月三十日の「福島県における震災による障がい者死亡者数実態調査」(『あと少しの支援があれば』中村雅彦、ジアース教育新社、二〇一二年)データを見ると、相馬市、南相馬市、広野町など原発周辺地域での身体障害者震災関連死亡者数は百二名であった。しかし、この数は身体障害者手帳所持者だけである。震災関連死の中におそらく多くの障害者が含まれている。

仮設住宅のシステムも健常者向けだ。白石さんが仮設の調査をしたとき、せっかくスロープがついていても、そこに健常者が住んでいたりした。いまだ車いすの障害者対応の仮設は見たことがないという。

いま、あいえるの悩みの種はヘルパーが少ないこと。「みんな除染や土木関係に働きに行ってしまうんですね。福祉の仕事は給料が安いですから。今後、どんどん老人が多くなっていくし、若い人もいなくなり労働力もなくなる。そうなったら障害者だけでなく高齢者も生活が立ち行かなくなります。

全国にさきがけて福島がそうなると危惧しています。」

困っているみんながいるから支援していこうと思う。『あいえる』がなかったらみんな施設に行かざるを得ない状況になってしまう。ここで、地域で暮らすことを推奨したり、就職を紹介したりしていく必要があるのです。」

白石さんは福島の障害者支援の要ともいえる。おそらくみんな、彼がいなくなると困ってしまう、というだろう。白石さんは「あいえる」「被災地障がい者支援センターふくしま」「しんせい」代表として使命感を持ち、これら組織の必要性を今、話している。

でも、と疑問が頭をよぎる。

「白石清春さん」自身は、福島を、避難のことをどう思っているのだろう。

郡山は放射線量の高い地域も多い。健康に不安はないのですか、と聞くと、「それはありますよ。事故後ぼくは電動車いすに乗って郡山を走り回っていました。雪や雨にもたくさん当たった。支援活動で何度も線量の高い飯舘村にも行っているし、どれだけ被ばくしただろうと思います。その後の被ばくや食べ物による内部被ばくも怖いと思っている。ぼくはどこでも生活していけると思っています。だから避難も考えたけれど、妻と息子は福島がいいって言うんですよね。それにここでやらないといけない責任もたくさんあります。でもやはり揺れますよ、気持ちはね」。

今後は自立生活体験室を作ろうと計画している。家を出て自活する様子を知るため、無料で体験できるような所だ。そしてそれを最大限に活用していこうと考えている。会津、田村、いわきなどの団体とも連携して体験室を活用する予定だ。このような活動を引き継いでいける人材もほしいと思っている。「被ばくの可能性もあるので、県外の障害者にはあまり呼びかけられないですね。県内からそういう人が出てこないかなと思っています。」

「ぼくはみんなを自立させたい。親はさきに亡くなります。残された障害者の高齢化の問題があります。ぼくが思い描くのは、施設なんか作らないで障害者、健常者と関係なくみんなが地域で暮らしていける住居形態を作りたい。障害者や高齢者の介護などをする雇用が生まれ、そこで若い人は働くことができるし、その世代の子育ては仕事を引退した人や老人たちや障害者がすればいい。」

ぼくはこうした未来を考えるのが好き、と白石さんは笑う。すてきな笑顔で。

障害は自分にもあるが、あなたの側（障害者をはじく社会を作っている）にもあるんだよ、と白石さんは私に言った。その双方の障害を乗り越えていけるようにしたいのだ、と。

ふたば製作所にて（左・白石さん）

■山田昭義《やまだあきよし》さん〈名古屋「ＡＪＵ自立の家」専務理事〉

山田昭義さんに東京で会う。電話で話している時から頼もしい雰囲気の人だな、と思っていた。実際に会ってみてその印象は当たりだった。電動車いすですいすいと雑踏を走り抜けていく。風のような人だ。

山田さん自身はカトリック信者で、専務理事を務める名古屋「ＡＪＵ自立の家」では国内外の修道院で作るワインの販売もしている。

山田さんは高校一年生のとき、遊びに行った海で頸椎損傷になり、障害を持つようになった。通信教育で中央大学に入り、法学部を卒業した。東京でスクーリングを受けるため母親と一緒に愛知県から一年上京した。

「母が大柄な人で、授業のときはぼくを大学の四階までおぶってくれた。当時は本当にバリアだらけでした。先人たちが命をかけて障害者運動を起こし、今のような時代になったのです。当時、父の月給は一万円、ぼくの治療費は十日で一万円を超える。金もないしタクシーは乗れない、移動手段は電車とバス。乗る時はだいたい車掌に文句を言われ、しかも車掌は口は出すけど手は出さない。そんな時代だった。店に入ると、塩をまかれたりする人もいました。

雨の日にタクシーに乗りたくて手をあげても一台も止まらなかったこともありました。二時間待ってやっと車が停まってくれた。ぼくら、身体を張って自分たちで暮らせるよう運動してきました。それがなければ街中で生きてはいけなかった。パラリンピックや国際障害者年、障害者権条約批准を契機にずいぶん社会は変わりました。障害は個人の問題じゃなく社会の問題。社会環境が変われば障害者は少なくなっていく。日本は障害者だけでなく外国人、難民、よそものやマイノリティ以外にとても厳しい社会ですよ。さかのぼれば江戸時代からの差別がずっと続いている。人間の価値は同じなのにね。」

山田昭義さん

「AJU自立の家」は名古屋から釜石へ支援を出した。

「東北の友人から三月十二日に電話がきて、女性のヘルパーが来なくなった、被災者に女性障害者がいるから至急女性スタッフがほしい、と連絡がきました。その日の夕方にはスタッフを仙台と名取に送り、以降、組織的に支援活動を続けてきました。物資は避難所には渡るけれども、自宅で避難している人には全く渡らないという状態が続いていました。」

山田さんは地元名古屋の中日社会事業団にとびこんで実情を伝え、記事にしてもらった。支援物資もたくさん集まり、十トントラックいっぱいになったが、これを運んでくれる人がいなかった。すでに原発事故が起きていて、運転手が被災地に入ることを拒否していた。

運送会社の管理職が運転をしてくれ、物資やガソリン五五〇リットルをドラム缶に入れて運んだ。

AJU自立の家は釜石の支援を担当してきた。東北の障害者を取り巻く環境は厳しく、地域社会での自立生活は浸透していない。重度の障害者は自動的に施設へという状況だ。

「地域で自立できるようこの震災をきっかけに種まきをしよう、というのが災害支援本部の思いでしたが、釜石は典型的な過疎地。今回の震災で日本の過疎地の問題が浮き彫りになりました。十万人近くいた人口が、今や三万五千人。高校卒業後七割の人が釜石を離れます。町にはまず足がない、人手がない。働く場がない中でそれなりに生活してきたのに、震災を機にますます不便になったのです。人里離れた所に仮設を作るから、入居した後みんな移動ができない。災害支援でゼネコンがいっぱい来てインフラを一生懸命作っても、ソフトが全く伴っていないのです。」

いま、全国で高齢者も含め五百〜六百万人が買い物難民といわれている。災害が起きれば、もっと増えるだろう。山田さんは釜石モデルをできれば作りたいと思うが、現状は厳しい。

「AJUが初めて釜石に入り、地域で仕組みを作れないかと仮設に話に行ったり、地元の身体障害者団体のところに手伝いに入ろうとすると、お金をいくら持ってくるかと言われたりします。団体として仕組みづくりに協力してくれるところがないのが痛いのです。」

釜石は医学モデル真っ只中にある町と言える。医学モデルとは、障害は個人の能力や機能、また家族の問題、とする考えだ。足が動かずに階段を上がれないのは、その人に障害があるから、責任もその人にある、とする。

「行政も家族に任せきりで、家族が面倒をみられない人は施設へ行けとなります。いま障害者が都会でできるようなこと、たとえば電車やバスに乗ったり、階段を使わずエレベーターを利用できたりすることは、わが国では大都会以外は不可能です。東北の多くの地域は、『自立して地域で生活したい、自分でできない部分はヘルパーを頼みたい』と言うと、『ぜいたく、甘えだ、施設にいけばいいのに』という言葉が返ってきます。社会がその人の障害をつくるし、社会が障害を取り除く。私のようにヘルパーを頼んで一般市民ができることをほぼ同様にすることができる、私と同じように暮らせるのが社会モデルです。」

しかし、と山田さんは憂うつそうな顔を見せた。

「毎回、釜石に行くとJRとけんかになってしまう。ぼくを電車に乗せる、乗せない、ということで。ぼくの乗り降りする駅は無人駅で、駅員がいないから車いすは電車に乗せないというのです。でも、係りの人がいたら、ぼくは電車に乗れるはずなんだ。それを、きっぷを買うなというのは社会の問題でしょう。社会環境が整備できていない問題を車いすのぼくのせいにしてしまう。それが東北の問題点なんだ。」

三十年も前の状況の中で生きているような感覚なのだろう。それが山田さんをジリジリとさせている。

「本来なら環境を整えるのが社会の責任でもある。釜石は急激な過疎地です。この先、こうした被災地また過疎地がどうなっていくのか、ぼくにも見えない。どうしたらいいか教えてほしいと思う。答えが見えないのです。」

せめて福祉の専門家たちだけでも社会モデルに意識を変えてもらう必要がある。専門家とは、たとえば社会福祉士や介護福祉士など福祉業界で働く人たちのことだ。いまできることはその人たちと向き合うしかない、と山田さんは思う。

「社会全体が医学モデルで凝り固まっています。これまで二か月に一回くらいは現地に入っていましたが、一週間いても何も成果がないのです。職員と話しても何も変わらない。利用者のためでなく専門家主導の社会なのです。

たとえば、十八歳の障害を持つ人を施設に入れようという話があがった。ちょっと待て、とぼくは言いました。施設に入れるのではなく地域で面倒みたらいいだろう、それが社会モデルだ、行政が環境を整え、必要なお金を出せばいい、と。でも釜石には、資金や施設・機関、人材、法制度などの社会資源がないのです。施設しか選択肢がない。これが現実なんです。

外からでは何も見えない。現地を見て本人たちに会ってみないとわからないことだらけ。それは社会が健常者中心の医学モデルの町だからです。この活動をどうやって収束していけばいいのか、それはＡＪＵの使命であり、日本の障害者運動の使命だと思っています。せめて『生活センター釜石』が成り立っていけるようにしたいと思っています。だれか一人でもいいから釜石の当時者で立ち上がってくれる協力者を切望していますよ。」

医学モデルでは障害はマイナスに見られ、できないことばかり挙げられる。でも社会モデルは障害をプラスに考える。

「いま大都会の駅にはエレベーターが設置されているでしょう。それを使いたい人はたくさんいる。ベビーカーを押す人、高齢者たち。多目的トイレも増えました。これは障害者運動の結果だと思っています。障害者のためだけでなく、みんなのためにもなっているはずです。国は被災地も過疎もなんとかしないといけない。障害者のためだけではありません。これは国全体のためなのです。」

いまの現状を食い止めるしかないんだ、手探りの中で山田さんは可能性を探し続ける。

■青田由幸《あおたよしゆき》さん〈NPO法人さぽーとセンターぴあ代表理事〉

「はじめは避難しようとしてたんです。そのための準備もしてました。でもうちの利用者さんたちの安否確認をしていたら、避難できてない人たちがたくさんいて、その人たちを置いていけなくなってしまった。親が障害者を置いて出ていってしまった、おじいさんおばあさん、障害者の孫二人、プラス猫八匹を抱えて動けない、母親がうつ状態で障害者のいる家庭——その話を聞くだけ聞いて、じゃあさようならって言えないでしょう。」

震災後、五十代の女性の施設長、四十代の男性職員、そして青田さんの三人がぴあに残った。

「施設長は気丈でした。県や市が事業所を開けてはいけないと言うし、じゃあボランティアという形で支援したらどうか、という案も出ました。でも施設長が、ボランティアという形で責任が不明確な立場で行動するのはいやだ。責任とって事業所としてやる形じゃないとできない、と言ったのです。行政への命令違反にもなるし、最悪、閉鎖になるかもしれないけれど、どうせ、ここから立ち去らないといけないいなら同じだ、ちゃんとやろうということになりました。」

今回の震災で、福島の避難所の様子、とりわけ避難してきた人の様子が阪神淡路大震災のときとはまったく違ったのだという。

一番わかりやすい例をあげると、避難所に物資が届きましたと声がかかると、阪神では、わーっと人が集まってきて、仕切る人が出てきてテキパキ分けられていく。一方、福島では、声をかけても、しーんとしていてだれも出てこない。徐々にぽつぽつと人が集まってきて、「いいんですか？　もらっても」と遠慮しながら持っていくのだという。そういう東北の個性が今回はあだになった。健常者の人たちでもそうなのだから、障害者、高齢者はなおさらだった。

「避難所で車いすに同じ姿勢で乗りっぱなし、それが二週間続いた人、食べていると思っていたら三回に一度しか食べていなかった人、お風呂にずっと入れないでいた人。みんな自分から声を出せなかった。だから、こちらもわからなかったのです。阪神のときも障害者たちは同じ状況でした。家から出られず、避難所には行けませんでした。ただ、違ったのはまだ当時個人情報保護法がなく、大阪、京都の被害が少なかったため、支援がすぐにできたのです。」

東日本大震災時、障害者支援団体が個人情報開示請求をしても、ほとんどの行政は対応できなかった。南相馬市は「緊急でやむを得ない」との判断から開示された数少ない例である。青田さんは、情報開示のときに、自分だけでなく第三者にも見てもらおうと考えた。

「ちょうど、福島に来ていた『きょうされん』〔注・小規模作業所や事業所、グループホームなどで作る全国組織〕のスタッフがいて、一緒に情報を見てもらいました。見たからには助けないわけにはいかない、ときょうされんから支援者が半年で約二百五十人来ました。いま振り返ると、被ばくの可能性もあるのによく来てくれたなと思います。きょうされんが南相馬市の障害者を助けてくれたといっても言い過ぎではないほどです。」

しかし、支援者を受け入れるには、まず自分たちの場所がどれくらい放射線の影響を受けているかなど調べる必要がある、と青田さんは活動場所の線量を測り、また自分がこれまでどれだけ被ばくしているか、被ばく量を測ってデータを出した。その結果、南相馬で働いてもらうときは目安として当初、年間五ミリシーベルトまでの被ばくを上限とした。もうひとつ、働き手の条件として、十年以上障害者と関わった人を送ってほしい、とした。

それには理由がある。障害者と関わったことのない人に支援を要請しても成果が上がらない、声のかけ方に注意しなければならないと青田さんは思ったからだ。

「支援者やボランティアはまず避難者に『大丈夫ですか』と声をかけるんですね。そうすると東北の人たちは『大丈夫だ』と言うんです。これではダメだと思いました。本人たちが本当のことを言うには、いまの状況を細かく確認していく必要があると思いました。ひとつひとつ聞いていくと、じつは食べ物がない、薬がない、透析が受けられないと出てきます。さらに知的障害、言語障害の人とも話せなければなりません。現場で十年くらい働いていないと、こうしたコミュニケーションや状況確認をとるのは難しいのです。」

放射線の数値が高いので、五十歳以上の施設長、理事クラスの人たちにまず来て見てもらい、その上で後輩や職員が現地に入れるか検討してもらった。

青田さんの妻と重度障害者である娘は仙台に、青田さん自身は、要介護の両親とその面倒を見に来てくれた長女と孫といま南相馬に住んでいる。

「両親は震災後、要介護認定になってしまいました。私は完全に震災が原因だと思っています。慣れない避難をして散歩に出ても知らない所だらけで、会話も少なくなり、認知症のようになってしまいました。二か月が経ち、このままだとまずいと考えて、半壊の自宅を住めるように片づけ、両親を家に戻したのです。私の家は国道六号線、海のすぐそばです。津波は自宅の五十メートル手前まで来ました。残っているのはうちくらいで、あとはみんな避難したり、流されてしまいました。家のすぐそばに遺体安置所の第一段階の体育館があり、夜になると自衛隊も帰ってしまう。私だけがそこに住んでいました。みんな来たがらなかったですよ」と青田さん。今は笑って話すが、どんな気持ちでそこにいたのかと思わされる。

南相馬はいまだいぶ落ち着きを取り戻したかのように見える。

「一見ふつうに見えますが、大きな店は閉まったままだし、保険会社は南相馬から相馬に拠点を移していたり、乳幼児はほとんど見かけません。子どもが遊ぶ姿も少ないのです。じつは日常ではないのです。

以前は三、四世帯の家族がたくさんいましたが、いまは一世帯、二世帯が平均になりました。高齢者から見たら、生き甲斐は全部持っていかれた。孫や子どもに囲まれて、のんびり近所の人と話したり、たまに旅行したりしていた暮らしから、町にはじいさん、ばあさんだけが残り、若い人たちは少なくなりました。地元に密着したような地域活動、たとえば秋祭りのようなものもなくなりました。海があって山があって、そこにいくと落ち着く場所だったのが、海へ行けば津波の爪痕が残っていて恐怖感があり、山は線量が高くて入っていけない。自然の中にいて得られた気持ちよさが全部失われました。

田舎は季節の移り変わりがいいんです。田んぼに水がはじめてひかれたころは水にうつる青い空がはねかえってくるよう。夏はかえるの大合唱、水田をとおってきた風はなんとも涼しく気持ちいい。秋は稲が実り、黄金の田んぼになる。そんな自然の中で暮らしていたのに、いま人々は違和感だらけの所に暮らしています。終の棲家と思っていた場所が、ある日奪われた無念感を二十キロ圏内の人たちは特に抱えているでしょう。原風景も、自分の生きてきた証しも、高齢の人たちは描いていた未来も失くしました。その影響が見えない形で免疫を弱くし、また精神を壊します。

仮設に入った人もつらい思いをしています。これって自分たちじゃどうにもならない、がんばろうと思ってもどうにもならない。震災から四年目を迎え、外からは『原発おさまってるでしょ、復興してるでしょ、いつまで人のせいにしてるの』と言われているようで、メンタルが戻らない、がんばれないのは自分のせいだと思いはじめてしまう人が多いのです。」

自分を責め、ほかの人と話さなくなり、コミュニケーションをもっととらなくなる。大人だけじゃなく子どもたちも同じだ、と青田さんは言う。

「避難した人、残った人たちは分断された。本当はお互いが責め合ったりせず、思いやらないといけなかった。でも自分たちのことを正当化しないと、心が強く持てない時期があったのです。避難した人たちも好きこのんで出たわけではない。好きでこちらに戻らないわけではない。全然納得してない、あきらめがつかない、気持ちがおさまらないところで今の生活をしています。

私なんかはね、正直自分はもう六十代だし、三十年後に病気になってもいいかなと思えるんです。でも、五十代以下の人は思えないでしょう。国は大丈夫だと言うけど、不安なまま暮らしています。自分の立ち位置、人生の柱をどこに置いたらいいかわからないままです。柱があやふやな中で生活するのはとても傷つきやすい。ちょっとした不安が入ってきただけでもメンタルを壊し、治るのにも時間がかかります。」

災害関連死が増えている。自死も多い。しかし発表されない、自死とは扱われない自殺者が本当はもっとたくさんいる。

「薬の必要な人が薬を自分の意志で飲まなければ自殺です。外に出ず、部屋に閉じこもったままになり亡くなれば、それは自殺だけど自殺扱いではないのです。

このままだと南相馬は超限界集落になります。でも住みたいという人がいるなら、なんとかしないといけないのです。この前、車いすの娘さんと足の不自由なお母さんと、今後の住まいについて相談しました。その人たちは小高町で被災し仮設に入っていたのですが、復興住宅には入らず、小高に戻るというのです。」

二〇一六年四月には南相馬市二十キロ圏内の原町区、小高区の避難指示が解除される。たとえ線量が高くても、それで命が短くなっても、当たり前の風景があって、そこで暮らすほうがいい、という人が大勢いるのだ。

福島の住民の多くはうつ病を抱えている、と青田さんは思う。知的障害者はその障害ゆえに放射能のことで悩むことはないかもしれない。しかし、その障害者の世話をしている家族、介護の人たちの不安が、障害のある人たちにストレスを与える可能性はおおいにある。

青田さんは事業所の職員、その子どもたちがここに住んでいていいのか、という不安を持っている。そのリスクの中で将来何かあった場合の責任を考える。

「事業所を閉めて、なにもしなければ責任もなかったかもしれません。でもやらねばならなかった。だから毎朝線量をはかり、自分のところでできる限りの安全に関する情報を入手していかないといけないのです。原発は今もふたをしていない。自分の身は自分で守らないとなりません。」

青田さんは事業所を立ち上げ、何年もかけてサービスの質の向上を目指してきた。理念に賛同する職員が増え、安泰だと思っていた矢先、原発事故が起きた。

「一番困っているのが、支援の質の低下とベテランの職員から経験値のない人たちに入れ替わってしまったことです。震災後避難のために二十数名のスタッフがやめて、いま再開はしましたが、働いているのは五十歳以上の福祉の仕事がはじめてという人たちです。がんばってはいるけれど、長く働けない年齢ですから、育てられないし、また、育てる人がいない。経験豊かなスタッフなら、利用者の様子を見て、発作かな、とか、トイレかな、とわかります。それがわからないと、利用者にストレスが増えていきます。経験は身についていくもので、ふつうなら新人は先輩について学んでいくのにその先輩がほとんどいない。技術面もですが、一番の悩みは理念を引き継ぐ人が少ないことです。二十年もかけて作ってきたものがゼロになってしまった。理念を理解し、意識を継いでくれる人を集めてつないでいくしかないのです。」

やるだけのことはやってきたつもりだったが、と青田さんは顔を曇らせる。震災後、ぴあの利用者のうち四人が亡くなった。

「災害関連死の認定は難しいのが定説です。でもある法律家が『その人の死に、災害の影響ではなかったとだれが言えるのか。たとえ病人でも災害があって命が短くなったのであれば、災害関連死だ』とコメントしたのです。それを聞いてそのとおりだと思いました。うちの亡くなった四人の方も関連死だ、と。」

福島県では二〇一四年十二月には災害関連死が千八百二十二人となった。昨年の三月には関連死が直接死を上回った。

「被災していま生きていても、死に近づいている人がどれだけいるだろうと思います。自分たちの事業所のサービスの質など課題はありますが、なにかしないといけないと思います。私も同級生や親戚が亡くなりました。本当なら助かった人もいました。こんな経験を繰り返してほしくない。せめて関連死で亡くなる人が少なくなってほしい。だから、私は可能な限り呼ばれればどこにでも行って自分の経験を話します。どれだけこの震災について伝えられるかが自分の課題です。災害が起きる前に多くの人たちに準備してもらいたい。

先日、ある事業所で災害時の対策の提案骨子を見せてもらいました。正直、これでは中途半端だなと思っていると、勘のいい代表の方が私の様子を見て『正直に言ってくれ』と言うので、『この内容ではみんな死んでしまいます』と言いました。まず一番はじめに対策本部長が亡くなるかもしれないし、緊急事態で全員集まれるとは限らないんだから、と話しました。その案は早速修正されることになりました。」

生き抜くためにはきれいごとで固めた案ではなく、「生きた」対策が必要なのだ。

■鈴木絹江《すずききぬえ》さん〈NPO法人 ケアステーションゆうとぴあ理事長〉

鈴木絹江さんと京都でお会いした。小柄だが、体から覇気を感じる。絹江さんは福島の田村市で被災、二〇一三年十月に京都に来た。

「当時、本当に欲しい情報はなくて、危機管理もなにも考えていなかった行政に絶望し、また国は私たちを助けてはくれないんだなと実感しました。」

絹江さんは日々選択と決断を迫られた。自分の力ではどうしようもない巨大な力に襲われたようで、悔しくてはがゆかった。

「天災の津波だけなら、あとは立ちあがるしかないけど、放射能は見えない、臭わない。利益のため原発を推進してきた人たちに真実を求めることは難しいだろう、というのが本音でした。国や東電が謝罪もせず、なかったことにしようとすることがとても悔しく、次の時代につなげていきたいけど、難しいなと思うことばかりです。障害者の自立、虐待問題を扱っているときは、最後は展望を与える話に持っていくことができた。でも原発については明るい展望がないのです。」

それでもあきらめないで続けていく、と絹江さんは言う。

はじめに絹江さんを見たのはＤＶＤ『逃げ遅れる人々』の中だ。映像の中の絹江さんは追いつめられているような顔をしていた。

「あの撮影をしたころはとても落ち込んでいました。自分の力のなさに向き合って無力感でいっぱいでした。体の調子も悪く、何度も救急車で運ばれたりしていました。放射能が体に入ったんだろうなって思っていました。めまいや吐き気、脱毛、せきが出たり、熱が出たりして、体重は十キロくらい減ってしまい、このまま死んでしまうのかなと思いました。」

本当は早く避難したかったが、絹江さんは事業所の理事長でもあったため、なかなか福島から動くことができなかった。

「選択できないことを選択する苦しみの中にいました。福島は自然豊かで仕事もあるし、慣れ親しんだ家もある。でも安全ではなくなったため、それらを捨てねばならない。なぜこんな選択を強いられるのかという怒りでいっぱいだった。」

結局、理事長はそのまま続けることになり、いまも時々京都から福島へ車で赴く。夫はいつも非常時を想定していて、何かあったときのことを考え、京都から車で移動している。約十時間の道のりだ。車の中には非常時に対応できるよう備蓄品を携行している。自分たちの分、またもし避難してくる人がいればその人たちの分を、だ。

「福祉事業をはじめる前は農業をやりつつ、ランプの生活をしていたことがあります。原発とは共存できないと思っていました。原発を動かす前にエネルギーのことを考え直したほうがいいと思います。京都に来てから体調を崩したとき入院したことがありましたが、病院内は、晴れた日中でまぶしいくらいなのに、こうこうと電気がついていたり、暖房の効きすぎで暑くて仕方がなかったり、もったいないなあと感じました。」

絹江さんは退院時に思い切って担当の若い医師に手紙を書いた。

「無駄な電気使用を検討してほしいということ、また、災害が起きたときの病院全体の避難先を決めてあるか、備蓄をしているかなどを書きました。若くて治療にも熱心な医師でしたから、すぐ行動に移してくれるだろうと期待を込めて書きました。」

いま絹江さんは、全国自立生活センター協議会と原発立地地域と協働のワークショップを各地で行っている。

「講演で、福島はこういう状態になった、みなさんの避難計画はどうなっていますか、自分たちで計画しておく必要があります、と話すと、だいたい二種類の意見に分かれます。あきらめるという人と、がんばろうという人です。私は自分を見捨ててはいけないと思います。最後まで自分の命をあきらめないよう、災害時、どうしていいかわからないからこそ、みんなで話し合っていこう、と言うようにしています。どこに逃げるか、移動手段をどうするかという具体策から、そこまでしても原発を稼働しないといけないのか、ほかに代替エネルギーはないのか、と話を発展させていきたいと考えています。」

「お日さまの当たる縁側の座布団猫のように死にたいなあ」と絹江さんは言う。正直健康には自信がないけれど、福島県外に出た人たちがどう暮らしているかを知り、また避難できない人のために何かできないかと日々模索している。

そのうちの一つとして、安全な野菜を福島に送る活動を続けている。

「野菜は普段でも買うものだから、品物の値段は本人たちに出してもらい、送料をこちらで支援しています。いま福島は健康への不安を抱えている人が多いでしょう。京都ではいのちのあり方を考える女性たちの集まりを作りました。これまでの経済優先主義である男性中心社会の限界が来たのではないでしょうか。言ってること、やってることが違うのではなく、だめなことにはだめと言う社会をつくっていけるようにしたいと思います。

でも、ただ、運動をすればいいということではありません。デモに参加したり行動は大事かもしれないけど、それで自分の家の中が変わっていなければ何も変わっていないことになるでしょう。食べ物、省エネや生き方、どこかで自分を変えていくことが大事だと思うのです。

政治家たちに原発を任せきりにしていたことも反省しなくてはならない点です。

国と東電は福島の原発事故による被害者ひとりひとりに謝ってほしい。そのためには県民が一つにまとまって謝罪を求めればいいのです。こんな理不尽なことはまかり通らないのだ、と言わないと。自分の生活にプライドをもってきた人が、それらを奪われたと思うなら団結してもの申すことができるはずです。」

絹江さんから断固とした気持ちが伝わってくるが、そのあと「時間がかかるけどね」とぽつり。

「でも、いま原発告訴団を中心に被害者たちによる七団体がつながってきました。これが県全体に広がっていけばなあと思います。お金をもうけたい巨大な悪を前に、はじめは無力感でいっぱいでしたが、この世で生きている限り、そういう悪はゆるさないと思っています。私のこの世での宿題は終わっていないのです。」

「福島から避難してきた人たちが、震災による様々な苦しさを話すことができればと思います。カウンセリングを学んだ人が話を聴く場があればいい、と。人々が立ち上がる手だてとして支援ができたらいいなと思っています。心の中をうまく吐き出せない知的障害の人にもそのような必要を感じます。そうした人たちは、怖い、困ったと心の中にためていくでしょうから、ただ、泣くだけ泣かせてあげるということも大事だと思うのです。

長い間、私は『真実』というのは何か、探してきました。本当のものに出合ったときは背筋をのばし、エゴは捨て、正しいものはきちんと受け止めようと思ってきました。

それはもしかしたら『神』と表すのかもしれないし、違う言い方なのかもしれません。真実は何か、を私は求めています。

原発に関していえば、放射能から逃げること、原発は人を幸せにしないことが真実です。人々の幸せ、世界平和への真実を考えないではいられません。それを見つけていこうと思います。今回の原発事故でつくづく日本国の愚かさを感じました。でも日本の人々は見捨てたものではなかったのです。

保養の要請に手を差し伸べてくれた人たち、一緒に歩もうとしてくれた人がたくさんいました。

原発に対しては反対、賛成の二分化されると思っています。どちらでもない、という人は賛成派です。私は原発推進の人にはこう念を押したい。原発を作るということは、町が、自分の家の庭が中間貯蔵施設、最終処分地になるんだということ。自分の家族が将来、原発の廃炉作業に関わる、そして自らそこに原発を埋めることになるんだ、と。

このような絶望の中にいるけれど、しかしですね、かすかに希望があるとすれば、人は変わることができるのです。推進派も変わる可能性があります。正しいことがわかるように、変えられていく人たちであってほしいと願います。

バブルが崩壊したあと、日本はこれまでの経済優先主義を反省できるチャンスでした。しかし安倍政権に変わったとき、私は『やっと自然治癒を用いて日本が立ち返るときであったのに、疲れきった体にさらにカンフル剤を打ってしまった』と愕然としました。この先、日本社会に自分の力で立ち上がる治癒力が残るかどうかわかりません。

最近、娘に子どもが生まれました。こんな世の中に、となんとも切ない思いですが、それでも新しい命の誕生は祝福の中にあってほしい。子どもの未来のためには大人がしっかりしないといけないと思います。」

絹江さんは決して頑強ではないけれど、それでも前に進もうとしている。その姿に励まされる人がきっとたくさんいるはずだ。

おわりに

一人でも多くの方に伝えたい……。三・一一に何が起こっていたのかを――

そう思ったのが、この本を出版するきっかけです。

あの津波の映像を忘れることはできません。

原子力発電所の爆発も、何が起こっているのか、想像をこえたものでした。

東京に住む私は、あの津波を目の当たりにした人々や福島から逃げ出す人々を、不安で胸をいっぱいにしながら見ていました。「予想できないこと」の連続する報道は、衝撃でした。障害者たちは避難できたのだろうか。避難所では、周りの人たちの支援を受けることができているだろうか。救援物資は届いているだろうか。そして、私にも何かできることはと思いました。それから東北関東大震災障害者救援本部（以下、救援本部）が立ち上がったと聞いて、すぐ「お手伝いをさせてください」と飛びこみました。

救援本部では、問い合わせの電話が途切れることはありませんでした。救援物資が集まり始めました。被災地から要請されたガソリン、電池、紙おむつなどを買い求め、届ける算段をしました。自動車がほとんど流されてしまってヘルパーさんたちが動けないため、知り合いに頼みこんで車を探し求めました。ガソリンが手に入らないため自転車も送りました。電源の必要ない石油ストーブも探しました。ボランティアを申し出てくださる方々を被災地につなげました。

各地の街頭で、障害当事者たちが募金活動をはじめました。支援金を届けてくださる方々がみえました。被災地から逃れてきた避難所を訪問して、「障害者の救援活動をしています」と呼びかけました。

五月になって、救援本部の一員として被災地に行きました。そこで、想像以上の現実を目の前にしました。人々が暮らしていた町がなくなっていました。船や自動車が無残にも底を空に向け、洗濯機やテレビやタンスなどが点々と放り出されていました。土台だけが残った民家がありました。防風林の松の木も根こそぎなぎ倒されていました。通りには「災害派遣」と書かれた自衛隊のジープや警察関係の車が走ります。〇〇区役所と書かれた腕章をつけた一団とすれ違い、がれきや泥を片づけるボランティアの一行も歩いていました。町の人たちの姿はどこにも見えませんでした。

そんな被災地で、怖かった思いを吐きだす障害者の方、悲しみと悔しさで涙する方、目に見えないものの怖さにいらだつ方、海岸を指さすだけで言葉にならない方たちと出会いました。お話を聞きながら、私はどんなことばをかけたらよいのだろうか、と自問自答していました。

それから救援活動で被災地を訪れるたびに、できるかぎり被災者の声を聞くようにしました。お話を伺いたいと声をかける時、相手の気持ちを考え、とても緊張しました。ただただお話を聞きました。しばらくして、震災や原発を問う集会やシンポジウムがもたれるようになりました。そんな情報を耳にすると、出かけることにしました。岩手で、宮城で、福島で。東京の地でも集まりがもたれました。そこで、障害者のさまざまな避難の困難さが報告されました。障害者の家族や福祉関係者・医療関係者たちからの報告もありました。私は、こうした方たちのお話を聞いて、それを記録し、文字に起こしました。自分だけの胸に納めず、多くの方々に伝えたいと思ったからです。

「朝起きた時に、いつもの風景があり、いつもの声が聞こえ、いつもの顔が見え、いつもと同じ暮らしがはじまる。それが幸せなんだあ」というつぶやきを聞き、「聞いてくれるな、仮設（住宅）の話をすると涙がこぼれる」と顔をうなだれる姿を見る。こんな想いをやはり伝えなくてはという気持ちがだんだん強くなってきました。

はじめは、救援本部の機関紙に「被災地からの報告」として、伝えることにしました。支援金を寄せてくださる方たちやボランティア活動に参加された方たちに届けました。そのうち救援本部にも同じような報告を載せた他団体の機関紙が届き始めました。ゆめ風基金・ＤＰＩ・ＡＪＵそして被災地障害者支援センターからも届きました。障害者たちの避難の実態と試行錯誤の支援の様子が鮮明に報告されていました。

被災地障がい者支援センターみやぎは仙台市に要望書を出しました。その中で「尊厳のある避難生活を」と訴えています。このことばから、どれだけ人間としての尊厳が踏みにじられた障害者の避難生活だったのかが想像できました。

救援活動の記録として作られた『逃げ遅れる人々』（ＤＶＤ）ができると、予想以上に反響がありました。障害者団体はもちろんのこと、仲間うちの上映会から、市民に呼びかける大きな上映会がもたれています。社会福祉協議会や特別支援学校や福祉施設関係での研修、大学での講義の資料にも使われました。みなさん災害時の障害者の実態を知り、危機感をもって防災を意識し始めました。「予想できないこと」に対し、今からできることを考え始めたのだと思います。

ＤＶＤを見られた方たちからの感想を聞いて、私はさらに障害者たちの三・一一を伝えたいと思いました。そんな思いを、いのちのことば社が受け止めてくださることになりました。こうしてこの本が出版されることになりました。

つらい苦しい体験をあえて語っていただきました。思い起こしたくない体験をお願いして綴っていただきました。私たちが学ぶべきものがたくさん詰まっています。

障害者差別禁止法には、「障害を理由とする差別の解消を推進し、もって全ての国民が、障害の有無によって分け隔てられることなく、相互に人格と個性を尊重し合いながら共生する社会の実現に資することを目的とする」とあります。障害のある人もない人も共に生きる社会は、被災時でも欠かしてはなりません。平常時からの姿勢が、被災時につながっていくのだと思います。

震災から四年がたち、風化されつつあります。東日本大震災は忘れてはならないことなのです。

東北関東大震災障害者救援本部　高木千恵子

東北関東大震災障害者救援本部が震災直後に作成した、相談を呼びかけるポスター

Ⅱ　障害のある人に共通して望まれる支援

①移動しやすい環境の設備が必要。
　　→段差の解消、通路の幅の確保、障害物を置かないなど。

②車いすの通れる通路（直線で）の幅は90センチ以上が必要。

③案内所・物資配布所・トイレ等の表示は、大きい表示板・色別テープなどでわかりやすく。

④集団生活に適応しにくい人々には、二次的避難所を設ける。

⑤できるだけその人の事情がわかっている人とともに過ごすことのできるような配慮。

⑥盲導犬、聴導犬、介助犬は、使用者の移動や生活にとって必要なので、使用者とともに避難し、避難所内でいっしょに過ごし、必要な食事や給水を受けられるようにする。

⑦混乱の中で支援が効果的に実行できるよう、障害当事者および支援者（介助／介護者）はわかりやすい名札などで識別・表示も考えられる。ただし表示を希望しない人へは強要しないように。

⑧情報伝達機器のうち、テレビは「字幕付き」、電話は「ファックス付き」を設置する。

⑨トイレには手すりなどを取りつける。

⑩大人用紙おむつ、尿取りパットは、各サイズ別に多く備える。

⑪非常食として「おかゆ（パック用)」を用意する。またトロミ剤、ストローを用意する。

⑫簡易な医療機器を設置する。(酸素吸入器およびボンベ)

Ⅰ　覚えておきたいこと

＊障害のある人は、「かわいそう」な人や、自分では何も判断ができない人ではありません。その人の年齢にふさわしい態度で接してください。

＊障害がある被災者は、一般的な情報があっても、危険に対して理解・判断しにくく、危険に対して適切な行動が取りにくい状況に置かれがちです。

＊外から見てもわからない障害もあります。不思議と思われる行動をしている人がいたら、正面から「困ったことはありませんか」など、話しかけてください。そして、その人の希望とペースに合わせた手助けをしてください。

＊障害のある女性は、普段から情報が届けにくく、声をあげることがさらに難しい、ニーズを出しにくい立場に置かれています。

＊介助や補助が必要な人や呼吸器をつけている人などのなかでも、特に女性は、生きる優先順位を自分でも低めがちです。平時の社会でも、人工呼吸器の装着が必要になった場合、女性のほうが男性より、呼吸器をつけて生きることを選ぶ人の割合が低いというデータがあります。

＊女性の身の回りの介助、とくに着替え・トイレ・入浴は、女性による支援を徹底してください。

介護者（ヘルパーなど）、歩行器、杖、呼び出しベル、杖、ポータブル式トイレ、カーテン、ベッド

【心臓病・喘息患者等】

加湿器、マスク、ＡＥＤ（自動体外式除細動器）、のど湿布薬

【透析・人工肛門患者等[1]】

二次的避難所、透析可能施設の情報提供と移送

【１型糖尿病患者等[2]】

インスリン製剤、ポンプ用カニューレ、シリンジ、ペン型注射器、注射針、血糖自己測定器、測定チップ、穿刺器具、ブドウ糖、砂糖、アルコール消毒綿

【妊婦】

看護師または助産師、消毒済み布（ガーゼほか）

【乳幼児】

保育士、空気洗浄機、加湿器、哺乳瓶、粉ミルク、離乳食、乳幼児用おむつ、乳幼児用歩行器

※必要な介護者がいない場合、派遣要請ができるシステムを早急に設ける。

1　参考ＵＲＬ「日本透析医会災害情報ネットワーク」透析の受け入れ施設の状況。http://bit.ly/hondlEu
2　参考ＵＲＬ「糖尿病がよくわかるＤＯＴＯＷＮ」

⑬避難生活のなかでのトイレや着替え等、女性のプライバシーを確保し、安全対策をとることが必要。

⑭避難生活のなかで性暴力が起こるおそれがあり、とくに障害をもつ女性は暴力から逃れるのが困難なことがある。性暴力の防止対策、被害があった場合の相談・支援体制を用意する。

Ⅲ　障害別に必要な支援者・支援器具など

【視覚障害者】

介護者（ヘルパーなど）、白杖

【聴覚障害者】

手話通訳者、筆記者、手旗（黄色）、補聴器、筆記具

【精神障害者】

当事者をよく知る友人、知人、介護者（ヘルパーなど）、二次的避難所、飲料水

【知的障害者】

介護者（ヘルパーなど）、二次的避難所

【肢体不自由者】

介護者（ヘルパーなど）、車いす、歩行器、杖、車いす用トイレ、ポータブルトイレ、カーテン、ベッド（カーテン、ベッドは特にトイレ介助に必要）

【高齢者（認知症・寝たきり）】

DPI（障害者インターナショナル）日本会議
http://www.dpi-japan.org/

被災障害者支援　ゆめ風基金
http://yumekaze.in.coocan.jp/

全国自立生活センター（JIL）
http://www.j-il.jp/index.html

中尾　祐子（なかお・ゆうこ）

東京生まれ。業界新聞社の記者として勤務後フリーランスに。環境問題を扱う雑誌や新聞、書籍の執筆・編集に携わる。

著書に、『終わらないフクシマ』（いのちのことば社）がある。

日本長老教会杉並教会員。


そのとき、被災障害者は…

～取り残された人々の3・11～

2015年4月1日　発行

編　者　東北関東大震災障害者救援本部
　　　　いのちのことば社
印刷製本　シナノ印刷株式会社
発　行　いのちのことば社
〒164-0001　東京都中野区中野2-1-5
電話　03-5341-6922（編集）
　　　03-5341-6920（営業）
FAX03-5341-6921
e-mail:support@wlpm.or.jp
http://www.wlpm.or.jp/

ISBN 978-4-264-03342-4